Elmar Engel, lizenzierter Outfitter und Buchautor, gehört zu den wenigen echten Kennern der kanadischen Wildnis – nicht zuletzt, weil er seit 1968 zusammen mit seiner Frau Brigitte den größten Teil des Jahres dort lebt. Monatelange Kanu-Touren haben die Engels in die entlegensten Gebiete Kanadas geführt. Sie waren sowohl im nördlichen Yukon wie an der eisigen Ungava Bay. Elmar Engel gibt mit diesem Almanach dem Kanada-Besucher und dem Wildnis-Enthusiasten wertvolle praktische und unterhaltsame Informationen in die Hand.

Als weitere Titel abenteuerlicher und alternativer Reisen in aller Welt liegen in der Knaur-Taschenbuchreihe *Reisen und Entdeckungen* vor:

Thomas Jeier: *»Abenteuerreisen im Wilden Westen«* (Band 4408)
Thomas Jeier/Rainer M. Schröder: *»Amerika per Wohnmobil – USA-Trips für Unternehmungslustige«* (Band 4409)
Roland Kiemle: *»Abenteuer-Almanach Australien/Neuseeland«* (Band 4414)
Jörg Trobitzsch: *»Abenteuer-Almanach Norwegen«* (Band 4415)

Vollständige Taschenbuchausgabe
Droemersche Verlagsanstalt Th. Knaur Nachf. München
Lizenzausgabe mit freundlicher Genehmigung des
Umschau Verlags, Frankfurt

Redaktion Brigitte und Elmar Engel
Kartenskizzen Alfred Herrmann, Trier
Fotos im Innenteil kanadisches Fremdenverkehrsamt 4;
Jörg Trobitzsch 4; G. Baumgart 1; Brigitte und Elmar Engel 12
Umschlaggestaltung Wolfgang Lauter
Umschlagfoto R. u. M. Greulich/Bavaria
Satz IBV Lichtsatz KG, Berlin
Druck und Bindung Ebner Ulm
Printed in Germany · 1 · 11 · 783
ISBN 3-426-04413-7

1. Auflage

Elmar Engel:
Abenteuer-Almanach Kanada

Kanufahren · Segeln · Fischen · Jagen · Stories

Mit 21 Fotos, 6 Karten und
vielen lustigen Zeichnungen von Werner Neumann

Knaur®

Inhalt

Kanadischer
Abenteuer
Almanach

Du hast gut gesprochen, my father.
Du hast mir gesagt, daß der Himmel wunderschön sei. Doch sag mir noch eins: ist er schöner als das Land der Moschusochsen während des Sommers, wenn der Morgennebel über die Seen weht? Wenn das Wasser blau ist? Wenn der Eistaucher schreit?
Das ist wunderschön. Wenn der Himmel noch schöner ist, wird mein Herz glücklich sein, und ich werde gerne dort hingehen. Doch jetzt bin ich hier und will bleiben; bleiben, bis ich sehr alt bin.

Ein Dogrib-Indianer zu einem Missionar

Wanderer, kommst du nach Kanada...

oder: Eine nicht immer ernstgemeinte Kurzanleitung über den Umgang mit Indianern, Eskimos, Hillbillies, Neufundländern* – und »richtigen« Kanadiern

Einem durchschnittlichen, gesunden Mitteleuropäer genügt ein Sommertag in Toronto, Montreal, Winnipeg, Edmonton oder Calgary – Vancouver sei bewußt ausgelassen –, um sich nach schattigen Wäldern und klaren Gewässern geradezu zu verzehren. Auf Gegenden, in denen die echten Kanadier wohnen.
Diese leiten den ersten zwischenmenschlichen Kontakt meist mit der Frage ein: »How do you like Cääneda?« Hierauf kann man getrost dem eigenen Empfinden entsprechend antworten; das heißt, man braucht nicht den Abreisetag zu dem vorgeblich erstrebenswertesten des Urlaubs zu machen, wie es bei den Immigration Officers angeraten ist.
Der echte Kanadier wird drauf den Abenteurer auf Zeit mit der Mitteilung erfreuen, daß er einen Deutschen kenne, der Fritz, Hans oder Willy heißt, der sechs Fuß groß und blond ist. Es gehört Taktgefühl dazu, den echten Kanadier davon zu überzeugen, daß man zwar eine Reihe von Bekannten habe, auf die diese Beschreibung haargenau zutrifft, doch daß es nicht unbedingt gemeinsame Bekannte sein müssen...
Echte Kanadier sind äußerst gastfreie Menschen. Es kann dem Urlauber durchaus widerfahren, daß er von ihnen eingeladen wird. Blumenläden sind allerdings da, wo die echten Kanadier wohnen, recht dünn gesät. Aber vielleicht ist noch etwas von der persönlichen Medizin übriggeblieben. Der Gast, der weiß, was sich gehört, stellt sie auf den Tisch. Die echten Kanadier sind durchaus keine hoffnungslosen Alkoholiker, wenn sie den Besucher erst entlassen, nachdem die Flasche leer ist. Sie zollen lediglich der uralten nordischen Sitte Respekt, eine einmal entkorkte Flasche nie wieder zu verschließen!
In Kanada leben zur Zeit neben gut 20 Millionen mehr oder weni-

* nicht gemeint ist die Hunderasse, sondern die zweibeinigen Bewohner – auch Newfies genannt – der Insel Neufundland!

ger echten Kanadiern eine runde Viertelmillion Nachfahren des guten alten Winnetou. Wahrscheinlich sind einige davon dem Reisenden schon in Toronto über den Weg gelaufen, nur hat er sie nicht als solche identifiziert. Er weiß zwar, daß diese Herrschaften nicht mehr mit Pfeil und Bogen oder ähnlichem gefährlichem Gerät im Hinterhalt lauern, um das nichtsahnende Bleichgesicht zu massakrieren, doch nachdem er die ersten der »roten Krieger« hat herumstehen sehen, hat ihn deren Aussehen doch etwas verwirrt.
Vielleicht bringt ihn die Überlegung weiter, daß diese Leute einfach anders sind als wir; Menschen aus einer ganz anderen, von unserer sehr verschiedenen Welt. Menschen, die anders denken, demzufolge auch anders handeln, deren Wertvorstellungen von den unsrigen verschieden sind.
Freundliche Zurückhaltung bringt einen näher – Geduld allenfalls, doch Feuerwasser ganz bestimmt nicht. Es macht sie weder unseren Wünschen, noch unseren Wunschbildern entsprechender. Am besten, man versucht, der Rothaut beizubringen, man sei Blaukreuzler oder so was.
Ähnlich ist es mit den Eskimos. Allerdings ist ihr Mißtrauen dem weißen Mann gegenüber nicht so tief verwurzelt – mag sein, weil sie weniger Grund dazu als ihre roten Vettern haben. Und im Gegensatz zu denen sind sie direkt lustig und kontaktfreudig. Was nicht bedeutet, daß dem Urlaubsabenteurer gleich jene sprichwörtliche Gastfreundschaft widerfährt, die auch die Landlady miteinbezieht. So was passiert allenfalls Insidern. Man tröste sich damit, daß die meisten Landladys keine knackigen jungen Dinger sind und daß das Ganze nicht immer ein ungeteiltes Vergnügen, sondern eher eine Art Pflichtübung war, die die Höflichkeit gebot.
Zur Höflichkeit gehört es in jenen Breiten, einen Eskimo nicht als einen solchen zu bezeichnen. »Eskimo« ist ein indianisches Schimpfwort und bedeutet »Rohfleischfresser«. Sie selbst bezeichnen sich als »Inuit«, das heißt »Mensch«. Wir Weiße sind »Kabloona« – »Fremde«.
Den »Inuit« begegne man mit dem gleichen Respekt wie den Indianern, mit Takt – schlicht ausgedrückt. Und taktvoll ist es nicht, mit gezückter Kamera auf den nächstbesten Eingeborenen zuzurennen, ihn als Bestandteil eines Panoptikums zu betrachten...
Es bliebe jetzt noch zu schreiben über den Umgang mit Newfies und Hillbillies. Man halte es bei ihnen wie bei uns mit den Ostfrie-

sen und Appenzellern: nur wer sie als solche bezeichnet und behandelt, wird erfahren, was es mit dem Sprichwort auf sich hat: Wie man in den Wald hineinruft, so...
Sie jedenfalls sind eine Art Auslese unter den echten Kanadiern, das sei hier einmal, ganz ohne Ironie, konstatiert.

Canadian »cuisine« – mmh – oder?

Beginnen wir also auf dem Flughafen. Es spielt keine Rolle, ob es Edmonton oder London/Ontario ist. Ohnehin hängt man einen Tag herum, bis alles organisiert und eingefädelt ist, also warum nicht mal kanadisch essen gehen? Doch die »Canadian cuisine« auf Anhieb zu finden, wird schwerhalten. Man tröstet sich am besten damit, daß Pionierkost und das Leben des heutigen Stadtbewohners zwei Dinge sind, die nicht zusammenpassen. Was bleibt – will man sich nicht von US-amerikanischen Segnungen, von Kentucky-Fried Chicken, Whimpy's oder ähnlichen Imbißstuben verschrekken lassen –, ist ein ordentliches Steakhouse. (Den Chinesen um die Ecke hat man auch zu Hause.) Ein T-Bone- oder Sirloine-Steak ist ein mächtiger Batzen – ein solides Dreiviertel-Pfund-Fleisch –, eine hervorragende Grund- und Unterlage für das womöglich sehr kalorienzehrende Unterfangen. Nur auf die Beilagen sollte man getrost verzichten. Denn was Kraft und Konsorten produzieren und kanadische Köche offenbar direkt aus der Dose auf den Teller kippen, das läßt gestandene Männer in Tränen des Zorns ausbrechen...

Sieht man einmal von Montreal und einigen Plätzen an der Küste ab, wo es Spezialitäten des Landes, Meeres und aller möglichen Gegenden des Erdballes gibt, hat man damit die hervorragendsten Möglichkeiten der »Canadian cuisine« ausgeschöpft. Doch deshalb ist man ja nicht hingefahren.

Sind die ersten tausend Paddelschläge getan, ist es ohnehin vorbei mit dem Bekochtwerden, dann muß man das schon selber tun. Also: was kauft der Wildnisreisende ein, was nimmt er mit?

In diesem Zusammenhang denke ich an die Labrador-Trapper, in deren Nachbarschaft ich den größten Teil meiner Tage verbringe. Es sind Gentlemen, die rasch Entschlüsse fassen und verwirklichen. Also, da sitzen sie abends in der engen Stube von Uncle Jack und spinnen ihr Garn, wie es Trapper, Jäger, Seelords so spinnen. Und dann sagt auf einmal einer von ihnen: »I thinks – me goes in

tomorrow!« – was in schönstem Newfie-Englisch soviel heißt: Morgen werde ich für drei oder vier Wochen den heimischen Herd verlassen und zum Trappen, Jagen und dergleichen den Busch aufsuchen. Das bedeutet ebenfalls: Joey oder wie er auch immer heißen mag, ist für drei oder vier Wochen ausschließlich auf sich gestellt.
Am nächsten Morgen kauft Joey mit grauem Gesicht und roten Augen im Hudson Bay Store ein. (Er hat nämlich am Abend die letzten Vorräte an »moonshine« oder »homebrew« oder gar »bought beer« oder richtigem »strong« konsumiert. Die beiden letzteren Ingredienzen sind im Gegensatz zu den ersteren nicht selbst gebraut bzw. gebrannt.)
An der Kasse stellt er ab:

einen Sack Mehl (fünfzig Pfund)
eine Tüte Zucker (zehn Pfund)
eine große Dose Backpulver
einen Eimer Fett (fünf Pfund)
zwei Pfund Tabak
ein Pfund Salz
zwei Pfund Tee
fünfzig Schuß Schrotmunition
zwanzig Schokoladenriegel

»Das wär's für heute«, sagt er zur Kassenmaid, läßt anschreiben, denn Barzahlung ist für einen Trapper nicht standesgemäß. Wer bar bezahlt, genießt kein Vertrauen, ist nicht kreditwürdig.
Das ganze Zeug schleppt er zum Flußufer hinunter – da liegt bereits sein mehr oder weniger ramponiertes Canvas- (Holz-Leinen-) Kanu. Da lädt er alles ein, nachdem er die Sachen in ein paar alte Mehlsäcke und ein Stück gummiertes Tuch eingeschlagen hat, schmeißt einen zerbeulten Wasserkessel, eine rostige Pfanne und einen zerdrückten Topf hinterher, gräbt irgendwo eine Feile, eine Axt und eine Angel aus, legt eine Flinte dazu, haut seiner Frau auf den breiten Hintern, schwingt das Paddel und ist nach einer halben Stunde um die nächste Flußbiegung verschwunden. Natürlich lebt er nicht nur von dem, was er da eingekauft hat, sondern er weiß, daß ihm »Fleisch« in irgendeinem Originalzustand über den Weg laufen wird, daß Fische den Köder für genießbar halten und diesen Irrtum mit dem Leben bezahlen.

So halten's die Trapper. (Dem Joey werden wir in diesem Almanach noch mal begegnen.) Sie haben's immer so gehalten und sie wissen, »vom Lande zu leben«! Etwas, was uns nicht nur wenig geläufig – sondern in den meisten Fällen auch verboten ist. Trotzdem ist das, was sie mitnehmen, ein guter Anhaltspunkt. Unsere Verpflegung – etwas variiert – sieht so aus (für zwei Personen und zwei Wochen):

Zwei Kilo Margarine (ist besser, da haltbarer als Butter)
zwei Kilo Fett
drei Kilo Zucker
drei Kilo Speck (wenn möglich, geräuchert, sonst gepökelt)
ein Kilo Marmelade
fünf Kilo Mehl (evtl. Pfannkuchenmehl)
zwei große Packungen Kartoffelpüree
zwei Kilo Zwiebeln
zwei Kilo Reis
zwei Kilo Spaghetti oder ähnliches
zwei Kilo getrocknete Früchte und Nüsse
ein halbes Kilo Salz
eine Dose Pfeffer und diverse Gewürze (um Reis etc. abzuwandeln)
eine große Dose Instant-Kaffee
ein Paket Teebeutel
ein Kilo Milchpulver
zwei Kilo Dauerwurst
eine große Dose Backpulver
ein Kilo Haferflocken
zwölf Beutel mit Fertigsuppen und Soßen
zwei Dosen Corned beef
eine Plastikflasche (1 l) Essig

Das ist in etwa das, was einer gerade noch tragen kann, und es reicht, wenn's sein muß, bei entsprechender Einteilung für drei, im extremen Notfall sogar für vier Wochen. Auch in Kanada gehört zu den seltenen Fällen, daß man länger unterwegs ist, ohne zwischendurch eine Einkaufsmöglichkeit zu haben. Soll's trotzdem über eine längere Zeitspanne hinweg gehen, dann hilft nur der Rückgriff auf gefriergetrocknete Lebensmittel, die es in fast jedem Sportgeschäft (nicht in Supermärkten) gibt.

Wir haben in dieser Hinsicht Versuche gemacht, die uns nicht überzeugt haben (in geschmacklicher Hinsicht, vom Preis einmal abgesehen), können uns aber vorstellen, daß es eine nicht aus dem Auge zu verlierende Möglichkeit ist, die Vorräte zu strecken.
Doch zurück zu dem, was man in Supermärkten kaufen kann: mittlerweile beginnt man fast überall mit dem (bis 1980 endgültig eingeführten) Dezimalsystem zu operieren, die Mengenangaben in den uns vertrauten Bezeichnungen auf die Verpackungen zu drucken, und man muß sich nicht mehr mit Unzen (1 ounce = 16 Gramm) herumschlagen. Die Verpackung allerdings sollte man rasch entfernen, sie ist noch sperriger, und die Aufdrucke sind womöglich noch widerlicher als bei uns. Man schmeiße sie gleich in den Papierkorb, hebe aber die Gebrauchsanweisung auf! In schon zu Hause vorbereitete Leinensäckchen, mit einer doppelten Plastiktüte innen, fülle man nun das Ganze. Nur den Mengenangaben schenke man keinerlei Beachtung. Wenn da steht »serves four« – so bedeutet das, daß gerade ein Mensch davon satt wird. Die Mengenangaben entsprechen zwar der weltweiten Schlankheitsmanie – doch nicht dem Appetit eines Ferien-Waldläufers!
Alle kleinen Behältnisse verstaut man in einem wasserdichten Sack. Sehr praktisch ist auch eine »grub box«, eine kleine, leichte Kiste, in der all das Platz findet, was zur Not auch mal einen Tropfen Wasser verträgt.
Es dürfte selbstverständlich sein, unterwegs den Vorrat diszipliniert einzuteilen, aber für eine ganze Reihe von Zeitgenossen scheint das merkwürdigerweise nicht zuzutreffen. Da muß man sich schon zusammenreißen – oder zum Schluß der Reise hungern.
Jedenfalls ist es fast überall in Kanada möglich, seine Vorräte durch Fisch aufzubessern. Wir essen draußen pro Woche etwa siebenmal Fisch, allerdings in folgenden Variationen:

Salmoniden, Weißfisch

1. gekocht
2. gebraten in Fett oder Speck
3. geräuchert (an einem Ruhetag)
4. roh (jedoch nur rote Bachforellen oder Lachs) in sehr dünn geschabten Scheiben, mit etwas Salz, Essig, einer Prise Zucker, auf mit Margarine bestrichenem Country-Brötchen
5. in Folie, mit etwas Margarine und Thymian

Hecht
1. gebraten (Filets)
2. gekocht
3. in Essig und Öl eingelegt (in einem Militärkochgeschirr)

Aal/Wels
1. gekocht
2. gegrillt oder geräuchert
3. gebraten

Die einfachste Art, Fisch zuzubereiten, ist, ihn auszunehmen, außen und innen gut zu salzen und dann auf einem Stein nahe am kleinen Feuer zu garen (wobei man ihn allerdings ständig drehen muß). Steckerlfisch ist ebenfalls ziemlich einfach zuzubereiten, allerdings ist es zeitraubend und nur zu empfehlen, wenn der erste Hunger bereits gestillt ist: gut salzen, innen und außen, einen Weidenspieß durchstecken, daß der Fisch fest draufsitzt und dann um eine Glut herum in die Erde stecken.
Einen einfachen Räucherofen hat man in einer Stunde fertig: an einer Böschung macht man aus flachen Steinen eine Feuerstelle, deckt sie mit einem großen, flachen Block ab, darüber kommt – terrassenförmig abgesetzt – die Räucherkammer aus Weidengeflecht oder auch aus Steinen, die mit belaubten Zweigen abgedeckt wird. Die Fische müssen gut innen und außen gesalzen sein, daß sie saftig bleiben! Hat man einen fest verschließbaren, stabilen Kochtopf, ist ein *Fisch-Mulligan* keine Hexerei:

> Entgrätete Fischstücke, kurz angebratene Speckstreifen, Zwiebeln, Brühwürfel, Reis und alles, was man sonst noch an Passendem hat, entsprechend gewürzt, wirft man in den halb mit Wasser gefüllten Topf, hebt eine Grube aus, kleidet diese mit glühender Holzkohle aus, stellt den Topf hinein und deckt das Ganze mit Sand und einem Rasenstück ab.

Wenn man die Prozedur abends macht oder an einem Regentag, hat man am nächsten Morgen oder nach ein paar Stunden eine phantastische Fischsuppe! Noch besser wird der Mulligan, wenn man statt Fisch Fleisch (Gans, Ente, Haselhuhn, Bisam oder weiß ich was sonst) nimmt und das Ganze mit Püreeflocken dickt. Anmerkung: Gewürze nicht vergessen!

Doch nun zu *dem* Standardrezept: Der Waldläufer ißt *Bannock!* Man bereitet ihn folgendermaßen:

> Neun Teile Mehl, ein Teil Backpulver, eine Prise Salz, so viel Wasser (anderthalb Tassen etwa), daß nach dem Verrühren ein geschmeidiger Teig entsteht. Das Ganze kommt in eine gut gefettete, heiße Pfanne über die Glut (eher zu wenig Hitze als zu viel). In fünf Minuten ist eine Seite schön goldgelb und leicht krustig. Abheben und wenden! (Nachdem obenauf etwas Fett gegeben wurde.) Nach weiteren fünf Minuten ist das täglich Brot des Trappers fertig!

Daraus werden Country-Brötchen, wenn man etwas Fett zugibt, mehr Mehl und weniger Wasser nimmt, das Ganze gut durchknetet, den Teig in Ballen teilt und sie vorher in der Pfanne – aber ohne Fett – bäckt. Diese Dingerchen lassen sich leicht aufheben und schmecken auch kalt.

Man lasse sich's nicht verdrießen, wenn's erst beim zweitenmal klappt. Ganze Generationen von Waldläufern, Indianern und Eskimos haben von Bannock gelebt! Ohne Bannock hätten gräßliche Hungersnöte Kanada heimgesucht, und außerdem kann man ihn durch Aufbraten und Anreichern mit Rosinen, Zwiebeln, Speck, Kümmel, Beeren aller Art variieren. Wenn es einem mal zuviel wird, mache man lieber Country-Brötchen – mit denen kann man zur Not auch besser werfen!

Da sich auch der nicht dressierte Mann relativ einfach aneignen kann, wie Spaghetti, Kartoffelpüree, Pfannkuchen, Reis und Haferflocken zuzubereiten sind (außerdem steht es auf der Packung), kann ich darüber hinweggehen – und dem geneigten Leser lediglich ans Herz legen:

a) das Feuer zum Kochen klein zu lassen – d. h., besser noch auf der Glut zu kochen. Ganz Gewitzte machen zwei Feuer nebeneinander, ein größeres und ein kleineres. Aus dem größeren scharrt man die Glut herüber und kocht darauf! Ein anderes System ist das Langfeuer – indem man die Töpfe auf zwei parallel gelegte grüne oder nasse Stämme stellt und dazwischen Feuer macht,
b) den Kochhandschuh nicht zu vergessen,
c) den Wald nicht anzuzünden.

Die kanadischen Meeresküsten steuern dem Küchenzettel Makrele, Meerforelle, Hering, Lachs, Butt, Dorsch, Seebarsch und weiß ich was sonst noch an Fisch bei – außerdem Krustentiere wie Hummer und Krebse sowie Muscheln, Meerschnecken und Seeigel. Der gestandene Binnenländer ist beim Anblick dieser Herrlichkeiten erst einmal ratlos, doch freundliche Küstenbewohner werden ihm zeigen, wie's gemacht wird.
Ein Standardhinweis: Was aus dem Meer kommt, sollte in Meerwasser gekocht werden! Die beste und billigste Würze, die man sich denken kann!
Hummer wirft man lebend (!) in einen Topf mit kochendem Meerwasser, wartet, bis das Wasser wieder kocht – dann noch etwa eine Viertelstunde. Wenn die Fühler sein Gewicht nicht mehr tragen und abbrechen, ist er gar!
Miesmuscheln geben, wenn sie gekocht werden, selbst Wasser ab. Man bedeckt lediglich den Boden des Topfes. Haben sich die Schalen geöffnet, schütte man das Ganze in eine blankgewaschene Kuhle und picke sich den Inhalt heraus. Herzmuscheln (clams) gräbt man bei Ebbe in Schlickbuchten aus (die Löcher im Sand zeigen uns, wo man graben muß). Dann bürstet man sie ab und hängt sie ein, zwei Tage in einem Netz außenbords, aber besser noch in fließendes Süßwasser. Die Muschel scheidet dann den Sand aus. Clams müssen an die zwanzig Minuten kochen!
Ungekocht sind sie ein hervorragender Köder für Plattfische! Hier noch ein Tip für Makrelen-Liebhaber: die Makrele vor den kanadischen Küsten ist meist sehr ölig und eignet sich nicht sehr gut zum Räuchern. Am besten schmeckt sie gegrillt: auf einen Rost über der glühenden Holzkohle legt man die gesalzenen Filetstücke. Nach einer Weile kann man die Haut leicht abziehen und den Fisch noch mal würzen (mit Dillsaat, einem in Kanada sehr beliebten Gewürz) – und schließlich aufessen. Eine ganz große Delikatesse!
Hier ein – nicht unbedingt ernst zu nehmendes – Rezept:

> Man nehme einen Büffel oder wenigstens ein Caribou. Sind weder Büffel noch Caribous in der Nähe bzw. verfügbar, kann man auch im gemütlichen Heim Pemmikan zubereiten, und zwar so:
> Suche mehr als gut abgehangenes, trocken-krustiges Fleisch zusammen. Schneide die Kruste ab und zerstoße sie in einem Mör-

ser. Füge schimmlige Beeren, Schrotkörner und eine Tasse ranziges, geschmolzenes Fett hinzu. Bestreue das Ganze mit Pudelhaar und langen Deckhaaren von Hund, Pferd, Ochse, Lama oder was für Haustier auch immer. Rühre. Gieße das Ganze in einen alten Schuh und laß es erkalten. Nach sechs Monaten ist der Pemmikan grün behaart. Das Grüne ist Pemmicilin, der Rest Pemmikan. Zehn Gramm Pemmikan haben hundert Kalorien.
Und hundert Kalorien bringen ein Kanu einen Kilometer weiter!

Wer noch mehr übers Kochen im Busch wissen will: Brigitte »Schnubbel« Engel, der es zu verdanken ist, daß ich die meisten Trips ohne nennenswerte Gewichtseinbuße überstanden habe, hat ein »Camping-Kochbuch« herausgebracht, erschienen bei Busse, Herford.

Camperferien in Kanadas Westen

beschrieben von Christine Fröhlich

Drei Wochen lang werden wir zu zweit als Nomaden durch das Land ziehen: von Edmonton aus führt die Route durch den Jasper-Naturpark, dann weiter nach Williams Lake bis zur Pazifikküste nach Vancouver.

Beim Abholen unseres Campers beim Vermieter stellen wir fest, daß heutzutage das »fahrende Volk« auf keinerlei Wohnkomfort zu verzichten braucht. Es gibt richtiggehende Villen, die – angefangen bei der kompletten Küche, eigener Dusche und WC bis hin zur Stereoanlage und zum Fernsehapparat – einfach alles bieten. Wir aber sind bescheiden – lediglich der Luxus eines Kühlschrankes wird der Hausfrau zugestanden, und der sollte sich auch als unentbehrlich zum Frischhalten der Vorräte an den heißen Septembertagen erweisen.

Klein und handlich ist unser gemieteter Pick-up-Camper. Ein kleiner Lastwagen trägt auf seiner Ladefläche einen Camperaufbau, wie die Schnecke ihr Haus. Über zwei Stufen gelangt man von hinten auf die Laderampe und in den Innenraum, der zweckmäßig eingerichtet ist und zwei bis drei Personen ausreichend Bewegungsfreiheit läßt. Das »Schlafzimmer« liegt erhöht über dem Führerhaus, hat Platz für zwei und ist sogar mit einem Vorhang abgeteilt. Mittelpunkt des Raumes ist ein Tisch, umgeben von einer Eckbank, unter der der Trinkwassertank untergebracht werden kann. Kühlschrank, Gasherd und Heizung, Spülbecken, Stauraum für Gepäck sowie Schränke für die Küchenutensilien sind inklusive. Schlafsäcke, Töpfe, Geschirr und Besteck mieten wir gesondert – inspizieren Gasflaschen, Wassertank und Benzintank. Nach einigen technischen Hinweisen und einer kurzen Probefahrt rollen wir vorsichtig – das Gefährt ist etwas kopflastig – zum nächsten Supermarkt.

Wir erstehen unzählige, wie wir glauben, lebensnotwendige Dinge vom Pfannkuchenmehl über unglaublich große Steaks zum Insektenspray und den Streichhölzern. Letztere sollen uns noch oft

Quell kindlicher Freude werden, da man sie an sämtlichen Reibflächen entzünden kann, so z. B. am be-Jeans-ten Hintern, den Fußsohlen oder sogar an den Zähnen – besonders eindrucksvoll! Nur das altbewährte Hausmittel gegen Beschwerden jeglicher Art fehlt uns noch, dazu müssen wir einige Straßen weiter zum »Alberta Liquor Store«, zur amtlichen Alkoholverkaufsstelle, fahren.

Doch erst nach dem Erwerb von zwei breitkrempigen, dunkelbraunen Cowboyhüten aus dickem Filz, deren Preis unser Budget für die erste Urlaubswoche total über den Haufen wirft, fühlen wir uns dem Start in das Abenteuer zu zweit gewachsen.

Als erste Schwierigkeit erweist sich die Orientierung im regennassen Edmonton. Endlich sind wir auf dem Yellowhead Highway Nr. 16, den wir in Richtung Jasper fahren. Die Landschaft ist eintönig; ab und zu stechen die Gerüste der Öltürme aus der ebenen Landschaft in den verhangenen Himmel. Nach zwei Stunden Fahrt hat der Herr des Hauses Hunger: und da erleben wir eine böse Überraschung. Ich hatte vergessen, die Tür des Kühlschranks zu sichern. Zerbrochene Eier, Tomaten, Äpfel und Würste zieren den Boden. Gott sei Dank ist die Whiskyflasche heil geblieben.

Wir haben fest und tief geschlafen. Wir fühlen uns erfrischt und glauben, den Zeitunterschied zwischen Europa und Kanada überwunden zu haben. In der Dämmerung des gestrigen Tages haben wir auf einem Campingplatz direkt am Highway einige Meilen vor dem Jasper-Nationalpark unsere erste Tagesetappe beendet.

Kühl ist es heute früh, fröstelnd stehe ich da und öffne die »Haustür«: ich reibe mir nochmals die Augen, blinzle hinaus. Ohne Zweifel, es liegt Schnee, Weihnachten – wie es zu Hause sein sollte, und das Anfang September! Angesichts dieser Sachlage verzichten wir auf das Frühstück im Freien, kramen wortlos dicke Wollpullover aus dem Koffer und verzehren dann Eier mit Speck und viel heißem, schwarzem Kaffee in der »guten Stube«. Wir sind die einzigen Gäste auf dem Platz. Die Feriensaison ist vorüber, und wir treffen nur noch wenige, die Urlaub machen wie wir. Die Sommerreifen finden kaum Halt auf der verschneiten Straße. Wir kommen nur langsam vorwärts.

Nein, Feuerwaffen haben wir nicht bei uns – diese müßten nämlich hier am Eingang zum Nationalpark verplombt werden. Auch auf Wanderungen auf den zahlreichen Trails des Parks wollen wir verzichten, erklären wir dem freundlichen Parkwächter, der sich aus

seinem Wachhaus zu uns herausbeugt. Das Jagen in den Nationalparks ist selbstverständlich verboten. Eine Sicherheitsbestimmung erfordert das Ab- und Zurückmelden bei Wanderungen und Ausflügen. Dann werden uns die noch geöffneten Camp-grounds genannt, eine Vielzahl ist im September bereits geschlossen. Zum Schluß bekommen wir eine Karte mit eingezeichneten Picknickplätzen, Reit- und Wanderwegen.
Mehr als vierzig Meilen fahren wir quer durch Jasper. Es schneit nicht mehr, dafür nieselt es jetzt, irgendwo hinter den tiefhängenden grauen Wolken verbergen sich Zwei- und Dreitausender, die ich lediglich auf der Karte sehen kann. Das kristallklare Wasser des Athabasca müßte eigentlich ganz nahe der Straße fließen – sagt die Karte. Immerhin – kurz bevor wir den Park verlassen, überquert gemächlich Mutter Bär mit zwei Jungen den Highway. Ehe ich die Kamera gezückt habe, sind alle drei in das Dunkel des Waldes hineingetrottet.
Nachdem wir den Jasper-Nationalpark verlassen haben, begrüßt uns Britisch-Kolumbien mit großen Schildern. Wir stellen unsere Uhren eine weitere Stunde zurück. Als wir darüber sprechen, daß die Bewohner Europas jetzt tiefe Nacht haben, bricht die Sonne hinter den Wolken hervor, und es wird sehr schnell hochsommerlich warm. Wir durchqueren den Mount Robson Park, sehen das gewaltige Felsmassiv des höchsten Berges der Rocky Mountains zwischen Wolkenfetzen emporragen.
Auf einem Picknickplatz mit gezimmerten Tischen und Bänken machen wir Rast, gönnen uns eine Dose Bier und verzehren Sandwiches mit Chesterkäse. Wir tragen dünne Baumwollhemden, haben die Jeans hochgerollt, es ist warm.
Bei dem Ort »Tête Jaune Cache«, dem »Versteck am gelben Kopf«, treffen wir auf die Bundesstraße Nr. 5, fahren nach Süden. Zu unserer Linken begleiten uns die Canadian National Railway und der wilde Thompson River. Sechzig Meilen schnell – mehr ist nicht erlaubt – rollen wir bei strahlendem Sonnenschein den praktisch leeren Highway entlang und bewundern die herrliche Gegend, die unseren Alpen und Voralpen nicht unähnlich ist. Nur sind hier die Täler viel weiter, die Berge zerklüfteter, die Bäume sind höher, und die Wälder sind schwarz und undurchdringlich – so scheint es mir zumindest. Das Fahren unseres Campmobils macht Spaß – ich passe auf, daß meine bessere Hälfte mich nach jeweils zwei Stunden Fahrzeit ans Steuer läßt.

Blue River, ein winziger Ort, ist heute unser Ziel. Wir sind müde und steuern, da es nichts anderes gibt, entgegen den Ratschlägen Kanada-erfahrener Freunde, einen privaten Campingplatz an.

Die Camp-grounds der kanadischen Landes- oder Provinzregierung sind meistens landschaftlich sehr schön gelegen. Sie sind naturbelassen und bieten bis auf Trinkwasser und Toiletten keinerlei Komfort. Die Stellplätze für Camper oder Zelt sind weit voneinander entfernt und jeweils mit einer Feuerstelle und einem Tisch mit Bänken ausgerüstet.

Private Campingplätze ähneln oftmals unseren europäischen Caravan- und Zeltstädten. So ist es auch in Blue River. Alle Geräusche und Düfte dringen in unsere Koje, als wir bereits – zur deutschen »Tagesschau-Zeit« – todmüde in den Schlafsäcken liegen. Wir haben uns die Bäuche mit dicken selbstgepflückten Blaubeeren, die auf allen Seiten unseres Stellplatzes in Unmengen wachsen, angefüllt.

Aber es sollte noch viel lauter werden in dieser Nacht: ein Dröhnen und Stampfen, ein Erzittern der Erde unter uns, dann ein dumpfer Aufprall! Entsetzt fahren wir hoch – doch es ist wieder ruhig. In kurzen Abständen wiederholt sich das Gepolter die ganze Nacht hindurch. Die Eisenbahnschienen neben der Straße haben wir gesehen, daß aber Blue River eine bedeutende Rangierstation ist, das haben wir nicht geahnt. Auch nicht, daß sie direkt hinter unserem Campingplatz liegt.

Mittels Dusche, die es auf fast allen privaten Plätzen gibt, versuchen wir, munter zu werden.

Dann aber folgt ein herrlicher Tag: die Fahrt durch noch sommerlich grüne Wälder, ein Picknick an einem kleinen Wasserfall, das Beobachten von Waldhühnern bei der Kaffeepause am Nachmittag. Der Highway ist wenig befahren – und hat auch wenig Tankstellen. Was der »Navigator« auf der Karte als Orte ausmacht, sind Bahnstationen, ein weißes Namensschild, sonst nichts. Wir schaffen es gerade noch bis Little Fort, wo es an der Tankstelle Benzin und für uns Apfeltorte mit Vanilleeis und Kaffee gibt.

Mutig geworden, entschließen wir uns zu einer Abkürzung. Wir wollen nach Williams Lake, vom Highway runter und uns in die Landschaft wagen. Eine auf der Karte als »Gravel Road« eingezeichnete Straße geht von Little Fort westwärts am Bridge Lake vorbei und stößt südlich von 100 Mile House auf den Cariboo Trail – den Highway 97, der uns nach Williams Lake bringen soll.

Jetzt wird's richtig einsam: der Wald zu unserer Linken ist rabenschwarz und so dicht neben uns, daß unser Wagen die Äste streift. Ich wage kaum zu atmen, denn rechts ist die Piste – von einer Straße kann man nicht reden – von hohen Felswänden mit steilen Geröllfeldern begrenzt. Es wird kalt, die Sonne dringt kaum durch den dichten Wald auf den schmalen Weg. Ab und zu liegen Gesteinsbrocken auf der Strecke, die wir – mitunter zu zweit – aus dem Weg räumen. Ungefähr siebzig Meilen sind es bis zum Highway Nr. 97. Ungefähr fünfzehn Meilen schaffen wir pro Stunde.
Am Nachmittag sind wir auf dem Campingplatz am Bridge Lake, ein Drittel des Weges haben wir hinter uns gebracht. Über das felsige Ufer blicken wir auf den See. Seit vielen Stunden sind wir keinem Menschen begegnet – auch auf dem Platz sind wir allein. Rainer hantiert entschlossen mit seinem großen Fahrtenmesser.
Aber als wir schließlich ein Feuer entzündet haben und uns mit dem zweiten Glas »Rye and Ginger Ale« (kanadischer Whisky mit einer Art Ingwer-Limonade) zuprosten, finden wir es urgemütlich und lauschen fasziniert der Vielfalt der Geräusche, die aus dem Wald dringen.
Hügeliges, von der Sonne gelb gebranntes Weideland säumt den Cariboo Trail, der zweitausendfünfhundert Kilometer weit durch British-Columbia führt. Große Schilder laden auf »Guest Ranches« ein. Heute abend wollen wir bei Ed Krüger auf seiner Springhouse Trails Ranch bei Williams Lake sein. Vorher ergänzen wir unsere Vorräte in der Stadt und können es uns nicht verkneifen, in Tony's »Leather Goods« zwei prachtvolle Ledergürtel mit reich verzierten Metallschnallen zu erstehen. Sie passen prächtig zu der Patina unserer Jeans.
Faule Sonnentage, Lagerfeuerromantik, riesige Steaks und beste Gastfreundschaft haben wir bei Eddie und seiner Frau Ilse genossen. Auch auf einem PS haben wir uns versucht. Mit nur mäßigem Erfolg allerdings. Mit den gemieteten fünfundachtzig PS haben wir es wesentlich einfacher.
»Gasflasche abgedreht« – »Okay« – »Treppe eingefahren« – »Okay« – »Kühlschrank gesichert«, etc. – ich verlese unsere Abfahrts-Checkliste.
Wieder einmal haben wir uns auf eine kleine Nebenstraße gewagt – bei Clinton sind wir westwärts von der 97 abgebogen und fahren nun durch trockenes, wildzerklüftetes Land, das von Indianern bewohnt wird. Unerträglich heiß ist es. Rötlicher Staub des Weges

dringt in den Wagen, paniert uns und das Interieur. Der Wagen holpert im Zickzack über die Straße, die zeitweilig nur aus Schlaglöchern zu bestehen scheint. Und dann sehen wir rechts neben uns den Fraser River, ein wilder Strom, der sich tief in die verkarsteten Felsen eingegraben hat.
Dann überholt uns – wir haben stundenlang keinen Wagen gesehen – in einer unübersichtlichen Kurve in mörderischem Tempo ein Auto mit wilden Indianergesichtern in den Fenstern und drohend gereckten Fäusten. Sie sind offensichtlich betrunken, werfen leere Bierdosen nach uns. Im Schneckentempo kriechen sie nun provozierend vor uns her. Ich habe Angst. Dann holt Rainer tief Luft und jagt an dem Wagen vorbei – kritisch dicht am Abgrund. Er braust so schnell über die holprige Straße, daß ich das Geschirr in den Schränken tanzen höre. Zum Glück ist die Kühlschranktür gesichert.
Im Marble Canyon, der Marmor-Schlucht, gibt es einen winzigen Campingplatz mit einem kleinen Weiher zum Schwimmen. Tropisch heiß ist es, aber als etwas später die Sonne hinter den Felszinnen verschwindet, müssen wir schnell Feuer machen. Wir ziehen die Hüte über die Ohren, trinken Whisky und sitzen bis spät am prasselnden Feuer. Es ist einsam, faszinierend einsam.
Am nächsten Morgen sehen wir erstaunt, daß wir Nachbarn bekommen haben: Tom und Betty, beide weit in den Sechzigern, aus Vancouver, sind seit zwei Monaten mit ihrem kleinen Campingbus unterwegs und nun auf der Rückreise. Bettys Leidenschaft ist das Sammeln von Kräutern, und Tom wandelt auf den Pfaden der Prospektoren: stolz zeigt er mir ein Fläschchen mit Glyzerin, in dem – wenn er es schüttelt – ich einige Goldkörnchen erkennen kann. Aus dem Thompson River, weiter nördlich, habe er sie gewaschen, erklärt er mir.
Vancouver ist mehr als eine Reise wert. Fast wären wir geblieben. Der Stanley Park mit seinen Totempfählen, der Blick von Vancouvers Hausberg, dem Grouse Mountain, das Vergnügungsviertel Gas Town, die Chinatown mit ihren unzähligen Restaurants.
Aber andererseits: die Wälder begannen sich zu färben. Die Luft wurde kühl und »crisp«. Wir sehnten uns zurück in die »Wildnis«.
Wir wollen über den Trans-Canada Highway, der Atlantik und Pazifik verbindet und sich achttausend Kilometer quer durch Kanada zieht. Wir kaufen Andenken aus dunkelgrüner BC-Jade und rotbackige Äpfel und Honig und BC-Apfelwein.

Wir sind im Yoho-Nationalpark und finden ihn, genau wie sein Name auf Indianisch besagt, »wonderful«. Obwohl wir die großen Schilder mit den Bärengesichtern und dem Hinweis »Do not feed bears« mit einigem Mißtrauen betrachten. Sogar die Abfallbehälter auf dem Campingplatz sind »bärensicher« mit schweren Eisenstangen über den Deckeln verschlossen. Aber heute sind wir nicht allein. Grillduft ist in der Luft, Feuer, Stimmen. Wir träumen bei Rye und Ginger Ale, stochern im Feuer, spielen mit Achatstückchen, die wir am Ufer eines Sees gefunden haben.
»Die Tiere in den Naturparks sind wild und leben vollkommen frei. Eine der wenigen Ausnahmen bildet der Elk Island Park bei Edmonton, der teilweise umzäunt ist...«, so lese ich in einer Broschüre, die ich im Flugzeug – wir sind bereits wieder auf der Heimreise nach Frankfurt – in meiner Sitztasche finde.
Mir sträuben sich die Haare, während ich weiterlese, und ich erinnere mich genau, nur zu deutlich, an gestern: bevor wir unser Ferienhaus auf Rädern zurückgaben, haben wir diesen Park besucht. Ich war es gewesen, die die Wege langweilig fand und entgegen den Sicherheitsbestimmungen quer durch die Büsche laufen wollte – was wir dann auch munter taten. Wir erklommen einen hohen Zaun, wanderten auf der anderen Seite weiter. Wir sahen große Spuren im Boden, dachten an Rinder, Pferde oder ähnliches Getier. Erst als ein Geräusch wie Donnergrollen näher und näher kam und die Erde erzitterte, ahnte ich Gefahr.
Eine Herde brauner, riesiger Ungetüme stürmte geradewegs auf uns zu. »Um Gottes willen – Büffel!« schoß es mir ins Hirn, und zum Glück war der rettende Zaun nicht weit, auf den ich mich mit ungeahnter Behendigkeit schwang. Auch Rainer saß urplötzlich rittlings auf den Holzpfählen.
»Den lange Zeit vom Aussterben bedrohten Büffeln hat man im Elk Island Park ein Reservat geschaffen, in dem sie sich nun inzwischen wieder auf einige Hundert vermehrt haben...«, lese ich weiter.

Hier ein Preisbeispiel (Stand 1982):

Camper 8 ft für zwei Personen, 22 Tage – Fahrstrecke 3000 km

1 Hotelübernachtung (Doppelzimmer) . . .	ca. DM	120,00
3 Wochenmieten des Fahrzeuges	ca. DM	1450,00
Leihgeb. für Bettwäsche, Küchengeräte etc. .	ca. DM	100,00
Kilometergeld ca. 0,10 pro km	ca. DM	600,00
Benzin, ca. 25 l/100 km	ca. DM	675,00
Zusatz-Kasko-Versicherung	ca. DM	264,00
Campingplatz-Gebühren	ca. DM	210,00
Propangas	ca. DM	40,00
Verpflegung für 2 Personen	ca. DM	400,00
1 Hotelübernachtung	ca. DM	120,00
Insgesamt also	ca. DM	3979,00

Wichtig: Fahrten auf dem Alaska-Highway nur gegen Preisaufschlag.

Das Kanu – der Schlüssel zur nordischen Wildnis

Trotz aller Vielfalt von Wasserfahrzeugen – es gibt keine Spezies, die auf kanadischen Gewässern undenkbar wäre – gebührt der Paris-Apfel dem einfachen, mit Ein-Viertel-PS-Bizeps und Paddelantrieb ausgestattetem Kanu. Nicht nur für die, denen das Kanufahren Spaß macht, sondern auch für die Jäger, die Wanderer, die Ferienprospektoren, die Angler, die Wildnisenthusiasten.

Für sie alle ist das Kanu das ideale »Mittel zum Zweck«. Es hat Jahrhunderte oder gar Jahrtausende gedauert, bis aus einem treibenden Baumstamm oder Holzstück, das irgendein Paläo-Indianer als Schwimmhilfe benutzte, über das Floß, den ausgehöhlten Baumstamm, das Fellboot, den Kajak – sich das Birkenrindenkanu als universellstes Fahrzeug herauskristallisierte. Und das ist es bis zum heutigen Tag geblieben. Lediglich das Baumaterial hat sich zum Positiven hin verändert: von dem Holz-Leinwand-Gefährt über das Aluminiumboot zum Kanu aus glasfaserverstärktem Polyester.

Bevor es losgeht, ein paar Worte zum Knien im Kanu (Waldläufer und »gelernte« Kanuten knien!). Natürlich kann man auch sitzen; es sind ja Sitze vorhanden. Doch teste man mal den Unterschied – vor allem in einem Fahrzeug ohne Ballast: der Schwerpunkt rutscht bei sitzender Crew ein gutes Stück höher, das Boot wird wesentlich kippliger, der Bauch wird eingequetscht, der Rücken schmerzt, die Armarbeit ist erschwert. Beim Knien (in Wirklichkeit ist es eine Dreipunktauflage, wobei das Hinterteil durchaus zu seinem Recht kommt) ist der Schwerpunkt tiefer, die Armarbeit leichter, Bauch, Brust und damit auch die Lunge werden nicht beengt. Ein Stück Schaumstoff bringt Erleichterung für die Knie, und der Hinweis an den weiblichen Teil der Besatzung, daß die knieende Position beim Paddeln die Brust strafft, hat einen nicht zu unterschätzenden psychologischen Wert. Natürlich ist es keine Schande, wenn man auf Langfahrt zwischendurch mal auf den Sitz hochrutscht!

Danach zur Ausrüstung: Zum Kanu selbst gehören zwei Paddel (wovon das hintere um ca. fünfzehn Zentimeter länger ist); wer ein Ersatzpaddel mitnimmt, ist nicht schlecht beraten – allerdings kann man sich eins zur Not selbst schnitzen. An Bug und Heck sind etwa fünfzehn Meter Nylon-Bootsleine; in Reserve hält man noch mal zwanzig Meter. Dann braucht man noch einen Poncho oder sonst was Wasserdichtes zum Abdecken der Ladung. Fährt man ein Kunststoffboot, braucht man Polyester, Härter und ein Stück Glasmatte für eventuelle Reparaturen. Tesaband und Zwei-Komponenten-Kleber tun's bei kurzen Touren.
Umfangreicher ist dagegen der persönliche Kram! Hier eine Check-Liste:

Schwimmwesten
warme Wollunterwäsche (farbige Angoraba-Skiwäsche hat sich ausgezeichnet bewährt)
Wollsocken
Flanell- oder leichte Wollhemden (darunter evtl. T-Shirts)
ein warmer Rollkragenpullover
Jeans (einmal zum Wechseln und Trocknen)
Trainingsanzug
Gummistiefel
stabile, hohe, möglichst wasserdichte Lederschuhe
Turnschuhe oder Mokassins für abends
Hut (keine Wollmütze, bleibt beim Umtragen ständig im Busch hängen)
gute Sonnenbrille
leichte Wollhandschuhe (sind für ein paar Cents in jedem Laden in Kanada erhältlich)
Toilettenpapier
Schlafsack (Dacron – oder der robuste Bundeswehr-Schlafsack, der allerdings in warmen Nächten wenig luftdurchlässig ist)
am Gürtel trägt man ein feststehendes, nicht zu großes Messer
Kochzeug (möglichst solides Material, ineinander passend)
Insekten-Spray (»Off« und ein flüssiges Mittel zum Einreiben)
Kompaß und Karten
Angelzeug (Spinnrute, Blinker und einschenklige Haken)
Streichholz in mehreren, wasserdichten Behältnissen (die robusten kanadischen »Eddy Matches« sind den europäischen vorzuziehen)

Übrigens: man darf alles vergessen oder verlieren, aber nicht die Streichhölzer!
Erste Hilfe
Kerzen
Taschenlampe
kurzer Gummischlauch als Blasebalgersatz
Trillerpfeifen
Axt, Feile und evtl. kleine Säge
Verpflegung (über die wird in einem besonderen Kapitel gesprochen – ebenso übers Feuermachen).

Zum Thema »Feuerwaffen« hier etwas Grundsätzliches:
Wenn oft umzutragen ist – nein, denn das Verhältnis Nutzwert zu Gewicht spricht gegen die Waffe; sonst – ja, wenn in Übereinstimmung mit den Jagdbestimmungen, die von Provinz zu Provinz verschieden sind. Voraussetzung ist, daß einem der Umgang mit einer Feuerwaffe vertraut ist. Sonst lasse man lieber die Finger davon. Als Schutz gegen angreifende Bären ist eine Flinte – mit Flintenlaufgeschoß – durchaus geeignet. Eine Büchse mitzunehmen, ist nur ratsam, wenn ein Jagdprogramm mit der Fahrt verbunden ist; ein Kleinkaliber wäre eine gute Sache zur Aufbesserung der Verpflegung, ist jedoch als Schutz ungeeignet.
Bei etwas Umsicht ist die Bärengefahr praktisch null. Wir jedenfalls nehmen seit Jahren keine Feuerwaffe mehr mit in den Busch und haben bislang nicht eine einzige bedrohliche Begegnung zu verzeichnen gehabt.
Apropos Bären: Was diese Schwarzkittel anlockt, ist Futter. Vor allem auf Fisch sind die Herren scharf! Also: werfe man den Fisch nicht ins Kanu und lasse ihn da womöglich über Nacht liegen – sondern stecke ihn nach dem Fang in eine Tüte und hänge ihn ein Stück weiter weg an einen Baum. Es ist schon vorgekommen, daß Bären umgedrehte Boote zerschlagen haben bei dem Versuch, an etwas Nahrhaftes heranzukommen. Ob abends das Boot umgedreht werden soll, ist Ansichtssache. Wenn Bären Boote zerstörten, geschah das in neun von zehn Fällen, wenn das Boot längere Zeit und nicht nur über Nacht unbeaufsichtigt lag.
Die Bärengefahr jedenfalls ist viel, viel geringer, als man glaubt.
Nun ein paar Worte zur Beherzigung für unterwegs: Die erste Etappe sollte sehr kurz sein! Wenn man am ersten Abend merkt, daß etwas fehlt, kann man zurückfahren und das Fehlende besor-

gen. Ein anderes gutes Hilfsmittel ist die Gedenkminute vor der Abfahrt (eine schöne russische Sitte): wenn alles gepackt und in die Boote verladen, nachdem auch der Letzte zum Einstieg bereit ist, sollte sich jeder für sich eine Minute still hinsetzen, die Hektik des Aufbruchs ablegen, seine Gedanken dem Kommenden zuwenden.

Zur ersten Tat am Morgen, dem Aufstehen, etwas Grundsätzliches: Obwohl ich in der Zivilisation alles andere als Frühsportler bin, im Busch beginnt der Tag mit dem Sonnenaufgang; wenn im Herbst die Nächte kürzer werden, schon eine Stunde davor. Mein Eheweib »Schnubbel« sprach zwar jahrelang von Schikane und Ähnlichem, aber mittlerweile hat auch sie eingesehen, daß Frühaufstehen im »Busch« viel für sich hat. Wenn man den Vorbereitungen am Abend davor ein paar Minuten einräumt, schafft es auch der schlimmste Morgenmuffel.

Keine unvertretbare Konzession an die Technik ist ein kleiner Reisewecker – für den Fall, daß die innere Uhr – oder der »hydraulische« Wecker – nicht zufriedenstellend funktionieren.

Bei uns geht das Aufstehen etwa so vor sich: Meistens werde ich wach, wenn's hell wird (merkwürdigerweise aber nur im Busch!). Noch im Schlafgewand wanke ich nach draußen und mache erst mal ein Feuer (Birkenrinde, Reisig, trockenes Holz liegen vom Abend vorher parat). Dann setze ich einen Kessel mit Wasser auf – und gebe mich allgemeinen oder besonderen Meditationen über die Schönheit des Sonnenaufgangs hin, soweit ein solcher sichtbar stattfindet. Dann erfolgt eine Waschung, mehr oder weniger intensiven Charakters. Inzwischen kocht das Wasser, und ich genehmige mir die erste Tasse heißen, süßen Kaffees; worauf ich, ein frohes Liedchen vor mich hinträllernd, meinen Reisegenossen den Morgenschlaf vergälle. Als Kompensation steht für jeden eine Tasse des gleichen heißen und süßen Getränks bereit. Wenn der in ihren Schlünden verschwunden ist, ist der erste Gang des Morgenessens bereit (Haferflocken, Bannock, aufgebratene Nudeln, Kartoffeln etc. – siehe Kapitel »Kochen«). Danach breitet sich eine freundlichere Atmosphäre aus.

Irgend etwas bleibt übrig zum – kleinen – Mittagessen. Nach dem Frühstück sollte es rasch gehen: Zelte abbauen, Schlafsäcke und den anderen Kram bündeln, verpacken und verstauen. Die Morgenstund' hat im Busch außerdem für sich, daß es meist windstill ist; die beste Zeit, eine größere Wasserfläche zu queren! Steht eine solche Aufgabe an, rappelt man sich zweckmäßigerweise schon früher auf und fährt vor Sonnenaufgang los. Das »Morgenessen« kann man nach vollbrachter Tat einnehmen.

Wir sehen uns – wenn wir keinen vorbereiteten Zeltplatz oder eine Hütte anlaufen – schon ab ein Uhr nach einem Platz für die Nacht um. Es mag dann noch ruhig zwei Stunden dauern, bis wir das Passende gefunden haben. Ein sandiges Ufer, eine ebene, trockene Fläche, groß genug für die Zelte, mit Feuer und Trinkwasser in der Nähe, das ist alles, was man braucht. Jeder überprüft noch mal, daß sein Boot hoch aus dem Wasser gezogen *und* angebunden ist (letzteres ist bei jedem Landgang ein absolutes Muß). Gegen fünf, sechs Uhr ist die Truppe abgespeist, sind die Vorbereitungen für den nächsten Morgen getroffen, denn nichts ist weniger erquicklich, als im Finstern zu kochen und zu essen. Dann kann jeder nach seiner Fasson selig werden: fischen, die nähere Umgebung erkunden, fotografieren, ein Pfeifchen schmauchen...

Anders ist es natürlich im hohen Norden – in der Tundra, im nördlichen Yukon: da ist im Sommer fast immer Tageslicht vorhanden, da heißt es vor allem in den Barren Grounds: fahren, solange das Wetter gut ist, die günstigen Bedingungen bis zum Geht-nicht-mehr ausnutzen und den Akku an Sturmtagen wieder aufladen...

Die topographischen Karten sind sehr gut in Kanada und durchaus verläßlich! Aber diese Regel hat eine für uns fatale Ausnahme: die Angaben über die Stromschnellen stimmen nicht! Da, wo »rapids« eingezeichnet sind, ist mitunter nur flott fließendes Wasser. Anderswo donnern beängstigende Fälle – wo nach der Karte eine unbehinderte Fahrt zu erwarten ist. Mitunter stimmen die Angaben; doch im voraus weiß das keiner, es hilft also nicht weiter.

Da gibt's nur eins: sich Zeit lassen und jede unklare Ecke vorher inspizieren.

Ein altes indianisches Hausmittel ist indessen kaum noch praktikabel: Kamen die tapferen Rothäute einen Fluß heruntergepaddelt, und es tat sich eine knifflige Ecke auf, da warfen sie zuerst einmal einen Baum in die brausende Flut und sahen zu, was der Fluß damit anstellte. Waren die Hinweise, die sich daraus ergaben, nicht einwandfrei zu deuten, so steckte man eines der überzähligen alten Weiblein, von denen jeder Clan ein paar vorrätig hatte, in das älteste Kanu, gab ihm einen Schubs und verfolgte dann mit großer Spannung, ob die würdige Dame gesund im Unterwasser landete.

Damit schlugen die schlauen Rothäute zwei Fliegen mit einer Klappe: sie gewannen unschätzbare Erfahrungen über das Verhalten von Kanus in Stromschnellen – oder fanden den Seufzer erhört, der da heißt:

Vor Schnee und Eis auf der reifen Beere,
Vor dem Dorn am Zweig der wilden Aprikose,
Vor dem älteren Teil der Weiblichkeit,
Verschone uns, o Herr!

Im kanadischen Westen, aus dem dieser Spruch überliefert ist, kommen zu den »normalen« Hindernissen noch »log jams«. Das sind Driftholzhaufen, die den gesamten Fluß absperren. Außenkehren sind ebenfalls mitunter voll davon. Diese »log jams« hat des Teufels Großmutter persönlich erfunden. Ihnen muß man mit allergrößter Vorsicht begegnen. Das Wasser zieht – anders als bei einem festen Hindernis – darunter hinweg, es gibt keinen Rückprall, der den Impakt abmildert. Kurz: »log jams« sind die mörderischsten Bootsfallen überhaupt. Der einzige Schutz ist äußerste Vorsicht!
»Log booms« dagegen sind Leitbäume, die auf Flüssen, auf denen Holz gedriftet wird, die Kehrwasser absperren. Sie sind nicht so gefährlich, doch an ihnen schmeißt man schneller um als eine Ziege tritt! Meine erste – und toi, toi, toi bislang einzige – Kenterung in Kanada habe ich einem »log boom« zu verdanken! »Sweepers« sind ganz oder halb entastete einzelne Bäume; Treibholz, dessen Wurzelwerk sich im Flußgrund festgekrallt hat. Bei starker Strömung werden die Stämme heruntergedrückt und peitschen mitunter wie ein zurückschnellender Bogen aus dem Wasser. Sie liegen in Stromrichtung, das mindert ihre Gefährlichkeit. Trotzdem verdienen sie allen Respekt!
Wer unterwegs (meist an einem Baum aufgehängt) ein rostiges Tellereisen findet, sollte es nicht als Souvenir mitnehmen. Das Eisen gehört irgendeinem Trapper, der es in der nächsten Saison dann vergeblich suchen wird.
Dann und wann wird sich Gelegenheit ergeben, in einer Hütte am Ufer zu übernachten. Auch sie gehört meist irgendeinem Trapper. Es wäre Vandalismus, eine solche Unterkunft nicht so zurückzulassen, wie man sie vorgefunden hat. Selbst wenn die Behausung so aussieht, als sei sie seit hundert Jahren unbewohnt.

Der Wildnisknigge schreibt vor, sich erst nach dem Ruf »Hello – the house« zu nähern. Schon im eigenen Interesse. Da könnte wer sein, der seine Flinte griffbereit hat, der nervös ist, erschrickt...
Ich habe eine ganze Reihe von leichten, durchwachsenen, mittelschweren sowie extremen Kanutrips beschrieben. Eine bunte Palette, aus der sich jeder »seinen« Fluß, Strom oder See herausklauben kann. Es versteht sich von selbst, daß diese Auswahl weder vollständig – noch, daß alles bis ins letzte Detail aufgeführt ist. Die Entdeckerfreude bleibt ungeschmälert!
Meine Quellen sind: Flußbeschreibungen der Park Division des Departments of Indian Affairs and Northern Development; die verschiedensten Publikationen (nach jahrelangem Sammeln) und nicht zuletzt meine eigenen Erfahrungen auf einigen Dutzend kanadischer Ströme, Flüsse, Bäche und Seen...
Da in den wenigsten Fällen die Einteilung der Flüsse nach den in Europa gültigen Schwierigkeitsgraden erhältlich war, habe ich mich auf die Werte »leicht«, »durchwachsen«, »mittelschwer«, »schwer« beschränkt.
Bei der *Reisedauer* handelt es sich um den Mindestansatz. Es zeugt von Weisheit – dann bleibt Zeit für Abstecher –, wenn man ein Drittel zugibt!
Wer sich Zeit läßt, kann sich – vor allem im Bereich des Kanadischen Schildes – auch an schwierigere Aufgaben herantrauen! Auch dann, wenn er sich noch nicht so sattelfest fühlt. Er muß halt öfter aus dem Boot heraus, tragen und womöglich gar einen Trail schlagen.
Absolute Greenhorns – denen sowohl das Paddeln als auch die Wildnis ein Buch mit sieben Siegeln ist – sollten es bei den leichten Gewässern belassen.
Und nochmals: *Safety first* ist das A und O. Kanufahren ist wirklich keine Sache auf Leben und Tod. Trotzdem passieren immer wieder Unfälle, die fast ausnahmslos bei etwas Achtsamkeit hätten vermieden werden können!

... EIN SCHÖNES, MITTEL-
EUROPÄISCHES EXEMPLAR.
ICH HAB'S GLEICH ENTHÄUTET.
KOMPLIMENT!

Die atlantischen Küstenprovinzen – »The Maritimes«

Newfoundland (Insel)	112 000 km²	– 560 000 Einw.
Newfoundland (Labrador)	260 000 km²	– 14 000 Einw.
Nova Scotia	53 000 km²	– 850 000 Einw.
New Brunswick	72 000 km²	– 700 000 Einw.
Prince Edward Island	6 000 km²	– 120 000 Einw.

4 Menschen auf 1 km², doppelte Größe der BRD, 1/30 von deren Einwohnerzahl.

Holzindustrie, Landwirtschaft, Fischfang, Schiffsbau

Fischen, Segeln, Jagd, Cross-Country-Ski, Kanusport

Drei Viertel der Halbinsel Labrador gehören zur Provinz Québec, der Rest zu Neufundland, das ebenfalls seit 1949 den Status einer Provinz hat. Das sollte uns in Europa weiter nicht stören, führt aber in Kanada zu Begriffskonfusionen. Denn lediglich die Neufundländer nennen ihren Anteil an diesem riesigen Gebiet (sechsmal die BRD) »Labrador«, die Québecois bezeichnen den ihrigen mit »Le Nouveau Québec«.
Da sich die Offiziellen in Québec City und St. John's ohnehin nicht grün sind (es geht um interne Grenzstreitigkeiten), sollte man sich bei Anfragen an die entsprechenden, in Kanada gebräuchlichen Bezeichnungen halten.

Flußbeschreibungen

Ugjoktok River

Einbooten: 160 Flugmeilen von Goose Bay in nordwestlicher Richtung, 26 Meilen flußabwärts von Border Beacon Lake;
Ausbooten: an der Mündung des Ugjoktok (110 Flugmeilen von Goose Bay)
Länge: ca. 100 Meilen
Portagen: mindestens 14
Zeit: 9–12 Tage im Juli bis September (Optimum: 2. Hälfte des August)
Fische: Forelle, Lachs, arkt. Saibling
Wild: selten: Bär, Caribou; häufig: Wasservögel
Karten: Mistastin Lake (13 M) und Hopedale (13 N) beide 1:250000
Schwierigkeitsgrad: mittelschwer
Kurzbeschreibung: Die ersten 22 Meilen sind problemlos; in fünf Stunden hat man sie auf dem raschen, klaren Fluß hinter sich gebracht. Dann folgen 14 Meilen mit Fällen und Stromschnellen, viermal müssen die Boote über Portagen gewuchtet werden. Eine Reihe der Schnellen ist fahrbar, andere sind leicht zu treideln. Bis zur Mündung des Harp River (wieder 22 Meilen) kann man ohne größere Schwierigkeit herunterrauschen.
Zum Harp Lake sei ein Abstecher empfohlen; dieser See ist 30

Meilen lang und hat einen fjordähnlichen Charakter. Zurück zum Ugjoktok geht's dann flott den Harp River herunter (1 Std.) und die nächsten fünf Meilen bis zu einem spektakulären und photogenen Wasserfall. Eine leichte 200-m-Portage umgeht das Hindernis. Kurz darauf folgt eine weitere Serie von Schnellen, die teilweise getreidelt und teilweise rechts portagiert werden.
Die sich anschließenden Schnellen sind fahrbar.
Sieben Meilen lang hat der Kanute Gelegenheit, sich intensiv mit der Landschaft zu beschäftigen – dann erfordert der Fluß wieder alle Aufmerksamkeit: Sieben Schnellen! Die beiden ersten sind mit einiger Treideltechnik zu bewältigen, die dritte muß umtragen werden (1/4 Meile) und die folgenden vier liegen so eng zusammen, daß kaum erkennbar ist, wo die eine anfängt und die andere aufhört. Treideln (links), ein Stück fahren (rechts), wieder tragen oder evtl. fahren, nachdem man sich die Chose angesehen hat, ist die Empfehlung der Erstbefahrer.
Vier Flußmeilen – oder eine knappe Stunde – dienen der inneren Aufrüstung, dann rauscht's schon wieder mächtig: Die beiden ersten Stufen sind schwierig, aber zu machen; die dritte an der Mündung des Shapio River ist leichter. Der Fluß teilt sich bald – es ist empfehlenswert, den Ugjoktok-Arm und nicht den Adlatok zu nehmen. Sieben Meilen nach der Gabelung stürzt sich der Ugjoktok einen weiteren Fall herunter, der in zwei Portagen rechts umtragen wird. An diesem Fall kann man Lachse springen sehen! Also die Kamera bereithalten!
Schon nach 500 m heißt es ein letztes Mal aufgepaßt: Zuerst ist da eine scharfe Linkskurve mit schwierigen Strömungsverhältnissen und hohen Wellen. Schließlich muß der Ugjoktok-Befahrer doch noch mal seinen Hintern aus dem Boot herausliften und kurz (20 m) tragen.
An der Mündung stehen zwei leere Gebäude: Ein Unterschlupf bei schlechtem Wetter!
Zusammenfassung: Einer der schönsten, sportlichsten Flüsse des neufundländischen Teiles von Labrador. Glasklares, grünschimmerndes Wasser, eine eindrucksvolle Landschaft, keine Siedlung entlang des gesamten Flußlaufes sind die positiven Seiten. Negativ ist die Entfernung vom nächsten Flughafen Goose Bay.

Zwischen den »Flower Pots« an der Küste von New Brunswick

Goose River

Von einer durchgehenden Befahrung ist nichts bekannt; der mögliche Einsatzpunkt wäre 85 Meilen südwestlich von Goose Bay. Der Goose ist ein typischer Labrador-Fluß mit entsprechendem Stufenaufbau, der durch eine vollkommen unerschlossene Wildnis fließt.

Naskaupi River

Dieser Fluß war einmal die Verbindung zu den Quellseen des George und zur Ungava Bay. Das Kraftwerk von Churchill Falls hat von seinem Oberlauf nur noch ein mickriges Rinnsal hinterlassen.

Churchill River

Durch die Dammkonstruktion und die Trockenlegung der grandiosen Fälle sind die Bedingungen vollkommen verändert (vor allem die der Zuflüsse), so daß die endgültige Entwicklung abgewartet werden muß. Allerdings war der Churchill noch nie ein ausgesprochener Kanufluß. Dafür war er einfach zu wild und ungebärdig.

Kanairitok River

Auch von ihm ist keine durchgehende Befahrung bekannt, allerdings wurde er vom Flugzeug aus erkundet. Der Kanairitok ist jedenfalls viel leichter als der Ugjoktok oder der Goose. Die Landschaft ist allerdings wenig aufregend. Oberhalb des Shipiskan Lake ist ein möglicher Startplatz. Bis zur Mündung sind es 126 Meilen. Eventuell sind noch weitere 60 Meilen des Oberlaufes befahrbar.
Zugänglich nur mittels Buschflugzeug!

Humber River (Newfoundland-Insel)

Von Osmonds Pond bis Corner Brook sind es 110 Meilen. Allerdings müssen von den 16 ersten Meilen – und ausgerechnet das sind die interessantesten – nicht weniger als 8 portagiert werden! Danach stört der intensive – für unsere Begriffe raubbauartige – Holzeinschlag, bei immer noch schwierigem Wasser bis Birchy Basin. Von dort bis Deer Lake ist der Humber mittelschwer. Das letzte Stück von Deer Lake bis Corner Brook ist leicht (eine fahrbare Schnelle) und landschaftlich recht ansprechend.

Lloyds-Exploits-Flußsystem (Newfoundland-Insel)

Auch hier ist der Oberlauf ab King George IV Lake (50 Flugmeilen von Corner Brook) der schwerste und interessanteste Abschnitt. Die Ufer des 35 Meilen langen Red Indian Lake sind mit Treibholz so übersät, daß eine Landung mitunter schwierig ist; der See ist bei weitem nicht mehr das, was man sich von einer Wasserfläche in der Wildnis erhofft. Übrigens ist der Victoria-Quellfluß in den Dienst der Elektrizitätsgewinnung getreten. Ab Red Indian Lake ist die Befahrung als »durchwachsen« einzustufen. Gesamtstrecke: 126 Meilen.

Die im folgenden beschriebenden Flüsse *Little Mecatina* und *Natashquan* haben ihren Ursprung im neufundländischen Teil von Labrador und münden in den St.-Lorenz-Golf, dessen Nordufer, wie gesagt, zu *Québec* gehört.

Rolf Theiß berichtet über eine Befahrung des *Little Mecatina* (August 1973)

»Good luck!« wünschte uns Bob, der Pilot unseres Wasserflugzeuges, bevor er uns einsam den zahlreichen Seen Labradors mit Kajak und Zelt überließ. Nachdem seine viersitzige Cessna über den Bergen verschwunden war, wurde uns unsere Situation erst richtig bewußt. Allein, wir waren allein in der Wildnis Labradors. Nur auf

Folgende Seiten: Auf dem Indian Lake, Kecarpoui-System

uns allein gestellt, mußten wir die nächsten drei Wochen meistern. Trotzdem: ein jahrelanger Traum war Wirklichkeit geworden.
Vor einem Jahr begannen Fritz Gottenströter und ich den Traum vom Abenteuer in der Einsamkeit Kanadas zu realisieren. Angeregt durch Bücher von H. O. Meissner, A. E. Johann und unserem Freund Elmar Engel, begannen wir dieses Abenteuer zu planen. Daß Elmar Engel von Deutschland aus Reisen zu seinem Camp am Kecarpoui River, an der Schärenküste Labradors, durchführt, kam positiv entgegen. Unser Vorhaben, einen Wildwasserfluß Labradors zu befahren, stieß bei ihm erst auf Ablehnung, doch konnten wir ihn nach kurzer Zeit von unserer Sache begeistern.
Im Mai wurden unsere Kajaks von Antwerpen über Montreal nach St. Augustin in Québec-Labrador verschifft. Endlich war es dann auch für uns soweit. Gut gelaunt, den Rucksack auf dem Rücken, die Gewehre geschultert, erreichten wir am Sonntag den Flughafen Köln-Bonn. Über London, Schottland, den Atlantik flogen wir nach Gander/Neufundland. Da die Busfahrer in Neufundland streikten, mußten wir die restlichen dreihundert Kilometer mit einem Taxi zurücklegen. Zweihundert Mark hat uns der Streik gekostet.
Ausgeruht und voller Tatendrang verließen wir am nächsten Morgen unser Motel in Deer Lake. Von Pasadena, einem Nachbarort, starteten wir zum anderthalbstündigen Flug über den St.-Lorenz-Golf nach Labrador. Nach gutem Flug landeten wir auf dem Kecarpoui River, im Camp Elmar Engels. Schnell wurde die bereitgestellte Verpflegung und die Munition für die Gewehre im Flugzeug verstaut, dann wurden die beiden Kajaks auf die Schwimmer des Wasserflugzeuges festgebunden. Als wir leise Bedenken wegen Überladung des Flugzeuges bei Bob, unserem Piloten, anmeldeten, zuckte dieser nur mit den Schultern und meinte, wir würden es ja gleich sehen, ob es klappte oder nicht. Zu unserem Leidwesen brauchte er auch uns für diesen Test.
Die ganze Tour wurde noch einmal durchgesprochen, und Elmar Engel versicherte uns zum Abschied: »Wenn ihr in drei Wochen nicht wieder im Camp seid, dann schaue ich mal nach euch.« Dieser Satz wurde im Moment noch von uns belächelt, denn wir ahnten zu diesem Zeitpunkt noch nicht, wie wichtig er für uns werden sollte. Mit gemischten Gefühlen stiegen wir in die überladene Ma-

Kajak auf dem Jamin Lake, Labrador

schine – doch siehe da, sie hob ab. Wir hatten zwar erst nach zwanzig Kilometern die Flughöhe von sechshundertfünfzig Metern erreicht, aber es ginge so, versicherte uns Bob. Nach einer Stunde erreichten wir den Little Mecatina. Wir flogen nun immer am Fluß entlang, weiter ins Landesinnere. Alle Stromschnellen, die wir von hier oben erkennen konnten, wurden in die Karten übertragen. Wir hatten Karten im Maßstab 1:500000 und erkannten, daß eine Orientierung mit diesem Maßstab, abgesehen von den Flüssen, sehr schwierig würde. Drei Stunden waren wir ins menschenleere Landesinnere den Little Mecatina hinaufgeflogen, als unsere Maschine auf einem der zahlreichen Seen in unmittelbarer Nähe des Flusses aufsetzte.

Nachdem die letzten Abfluggeräusche der Maschine verklungen waren, richteten wir uns erst einmal häuslich ein. Das Zelt wurde aufgestellt, ein Feuer gegen die Mücken angelegt, und die Verpflegung wurde genau untersucht. Trockenmilch, Trockenobst, Kartoffelpulver, Nudeln, Reis, Soßen, Suppen, Pudding, Kaffee, Mehl, Tee und Backpulver waren nur ein Teil unserer lukullischen Ausrüstung. Durch Angeln und Jagen sollte der Speisezettel in den nächsten Wochen noch erweitert werden. Das erste Abendessen bestand aus selbstgebackenem Brot, genannt Bannock. Dazu gab es Käse, Wurst und die letzte Flasche Bier. Danach begannen wir, unsere Angelkünste auszuprobieren. Schon nach wenigen Minuten hatten wir einen kapitalen Hecht an der Angel, der für uns eine stattliche Anzahl Mahlzeiten bedeutete.

Verpflegung und Gepäck hatten wir wasserdicht in unseren Polyester-Kajaks verpackt, als wir anderentags den Little Mecatina abwärts paddelten. Dünne, hohe, nur wenige Zentimeter auseinanderstehende Tannen sollten uns von jetzt an Hunderte von Kilometern begleiten. Nur die Kajaks waren für uns das einzige Mittel, um dieser Wildnis zu entkommen. Ein Bootsverlust konnte für uns verheerende Folgen haben. Genaue Ortsbestimmungen wurden immer schwieriger, und nach drei Tagen hatten wir die Orientierung verloren. Das war für uns aber kein Grund zur Besorgnis, da wir nach etwa dreihundert Kilometern Flußfahrt den fünfzig Kilometer langen und fünf Kilometer breiten See Lac Fourment durchfahren mußten, und den konnten wir ja schließlich nicht übersehen. Wir genossen in den folgenden Tagen die noch unberührte Natur, die vielleicht noch nie ein Mensch betreten hatte. Da Labrador nur an der Küste ein wenig besiedelt ist, konnten wir auch

nicht damit rechnen, hier Menschen anzutreffen. Die einzigen Lebewesen, die wir zu sehen bekamen, waren die fleißigen Biber, die uns mit ihren Bau- und Nagekünsten mehr als einmal verblüfften, Wildgänse, Enten und Regenpfeifer. Eine Unmenge von frischen Bären-, Elch- und Caribouspuren konnten wir täglich am Ufer sehen, nur ließ sich am Anfang keines dieser Tiere sehen.
Langsam wurden die Stromschnellen immer gewaltiger. Wir legten die mitgenommenen Schwimmwesten an. Allzu schwere Stromschnellen umtrugen wir – was in dieser Wildnis nicht so einfach ist. Nach fünf Tagen schossen wir zwei Wildgänse, die abgezogen in den nächsten Tagen unserem Speisezettel eine willkommene Abwechslung boten. Dann war es soweit. Wir begegneten dem ersten Bären. Beide Parteien waren gleichermaßen überrascht, und da Meister Petz das rettende Gebüsch näher hatte als wir, zog er es vor, sich schnellstens zu verdrücken. Wir konnten gerade noch ein Foto machen, da war er auch schon verschwunden. Innerhalb der nächsten Stunden hatten wir noch einmal eine kurze Begegnung mit zwei anderen Schwarzbären, die sich aber auch so wie der erste verhielten. Mit leicht klopfendem Herzen bauten wir an diesem Abend unser Zelt auf. Daß wir jede Nacht Gewehr bei Fuß schliefen, war eine Selbstverständlichkeit, konnte aber in dieser Nacht nicht zur Beruhigung beitragen.
Nach zehn Tagen erreichten wir endlich den See »Lac Fourment« und konnten eine genaue Ortsbestimmung vornehmen. Da wir an einem Tag diesen fünfzig Kilometer langen See und einen zweiten mit acht Kilometern schafften, rechneten wir schon mit unserer Ankunft im Camp Elmar Engels zum Anfang der dritten Urlaubswoche. Aber es sollte alles ganz anders kommen. Eine zwar vom Flugzeug aus gesehene, aber falsch eingeschätzte Schlucht sollte uns länger aufhalten, als es uns lieb war. Die Stromschnellen entwickelten sich langsam zu Wasserfällen, die ein Umtragen zur Schinderei werden ließen. Sechs bis sieben Kilometer schafften wir noch pro Tag. Die Gebirgsschlucht ist dreißig Kilometer lang. Zehn Stromschnellen waren in unseren Karten eingezeichnet. In Wirklichkeit entpuppten sich diese als Wasserfälle, die mehrere Bootslängen abfielen und in ihren Ausläufern hundert Meter lang waren.
Stundenlanges Umtragen war die Folge. Wir mußten die vollgeladenen Boote (65 kg) über Stock und Stein schleppen. Nachdem wir uns nach vier Tagen Schinderei am Ende der Schlucht wähn-

ten, kam dann das vorläufige Ende. Zwei sich gegenüberliegende Bergmassive, dazwischen ein Wasserfall, und das Ganze so eng, daß auf keiner Seite ein Umtragen möglich war. Die einzige Chance, doch noch weiter zu kommen, bestand darin, einen Weg durch den Urwald zu schlagen und über die dreihundert Meter höheren Berge die nur fünfzig Meter lange Engstelle zu überwinden.
Mutlos kamen wir am nächsten Abend aus dem Urwald zurück. Wir hatten festgestellt, daß ein Umgehen auf der linken Seite unmöglich war, denn der Wald stand zu dicht. Sollte es denn kein Entrinnen geben? Wir legten einen Ruhetag ein. Dann querten wir mit unserer Habe hinüber zur anderen Seite. Am Abend hatten wir dann die entscheidende Etappe geschafft. Die gesamte Ausrüstung lag an einem kleinen See. Zentimeter um Zentimeter hatten wir die Boote durch den Urwald den Steilhang hochgezogen. Die aufgeplatzten Finger waren Zeugen einer Schinderei, die ihresgleichen sucht.
»Runter geht's leichter!« war unsere Devise, als wir am nächsten Morgen den Weg zum Fluß zurück antraten. Nach acht Stunden Quälerei erlebten wir die nächste Enttäuschung. Wieder ein Wasserfall und eine dreißig Meter hohe Steilwand versperrten uns den Weg zum Umtragen bzw. Weiterfahren. Da es uns vor dem Wald graute, zogen wir einen Tag später die Boote und das Gepäck mit unseren Bootsleinen über diese Wand.
Paddeln, endlich konnten wir wieder paddeln. Dieses Wort war in der letzten Woche ein Fremdwort für uns gewesen. Wir hatten in fünf Tagen nur sieben Kilometer zurückgelegt! Aber was für sieben Kilometer!
Schon bald wurde die Schlucht breiter, und ihr Ende war abzusehen. Die eine oder andere Stromschnelle zeigte sich fahrbar. Doch ausgerechnet an der zweitletzten passierte es! Es wurden der Blöcke mehr und mehr – ich kenterte. Das Boot und der lebenswichtige Inhalt waren in höchster Gefahr. Mit vereinten Kräften bargen wir das Fahrzeug. Allerdings mußten wir feststellen, daß der Sitz des Bootes, der Kochtopf, Pfanne, Eßbesteck und Tassen weggeschwommen waren. Der Verlust dieser Teile war zwar schmerzlich, aber noch zu verkraften, denn den Sitz löste die zusammengebundene Schwimmweste ab und der Kochtopf wurde durch die Kaffeedose, fünfundzwanzig Zentimeter, zehn Zentimeter im Durchmesser messend, ersetzt. Die Fahrtenmesser dien-

ten von nun an auch als Eßbesteckersatz. Ein wenig lustiger Zeitvertreib!
Nach einer halben Stunde Fahrt hatten wir endgültig die Schlucht hinter uns gelassen. Wir konnten es kaum glauben, und ein Gefühl wie Weihnachten überkam uns. Geschafft. Wir hatten es tatsächlich geschafft. Zerschlagen, aber trotzdem glücklich bauten wir am Abend unser Lager auf.
Am nächsten Morgen, dem Sonntag, überdachten wir unsere Lage in Ruhe. Wenn das Camp noch erreicht werden sollte, mußten wir den Little Mecatina an dieser Stelle verlassen und durch zweitägiges Umtragen einen zwei Kilometer entfernten See erreichen, über dessen Abflüsse in weiteren zwei Tagen (achtzig Kilometer) das Camp erreicht werden konnte. Da uns aber nur noch drei Tage bis zum Abflug aus Labrador zur Verfügung standen, entschlossen wir uns, an dieser Stelle zu bleiben und auf den restlichen Weg zu verzichten, da er in der Zeit nicht zu schaffen war.
Zwei Tage lang konnten wir uns jetzt über unsere Zukunft Gedanken machen. Würden wir hier herausgeholt? Würde man uns finden? Wo und wie würde man nach uns suchen? Wir hatten zwei Tage Zeit, uns diesen Fragen zu widmen – ohne eine Antwort zu finden. Im übrigen bestand unser Tagesablauf aus Kochen, Essen, Schlafen, Packen und nach dem eventuellen schon früher erscheinenden Suchflugzeug Ausschau zu halten. Am Dienstag zogen wir gutgelaunt mit unserem Gepäck zu einem besseren Abholplatz. Das herrliche Wetter unterstrich unsere gute Laune. Aber die gute Laune wurde nach stundenlangem Warten durch Nervosität verdrängt. Findet man uns rechtzeitig, um am Mittwoch in Gander zum Flug nach Europa zu kommen? Was machen wir, wenn bis zum Abend nichts geschieht? Ist das Wetter in Neufundland gut – denn nur bei gutem Wetter wagen die Buschpiloten den Sprung nach Labrador. Und nochmals: wie, wo und wann werden wir gesucht und last not least, was ist, wenn gar keiner kommt?
Endlich, gegen Abend hörten wir ein Motorengeräusch, und nach einigen Minuten sahen wir, daß es »unser« Flugzeug war. Nur – zu unserem Leidwesen flog es vorbei, den Fluß hinauf. Weder das signalrote Bergsteigerzelt, die Boote, noch wir waren gesehen worden. Doch nach einer halben Stunde kam die Maschine zurück und landete!
Jetzt ging alles schnell. Nach kurzer Begrüßung sprachen wir mit Elmar Engel die weiteren Aktionen durch. Da sehr starke Fall-

böen das Fliegen schwierig machten, wurde erst unser Gepäck ausgeflogen und danach wir. Diese Nacht verbrachten wir in Gesellschaft von Brigitte und Elmar Engel am Robertson Lake, halbwegs zwischen dem Camp am Kecarpoui und dem Mecatina.
Am nächsten Morgen flogen wir noch zum Fluß, um die Boote abzuholen, denn der Wind hatte sich gelegt. Schlag auf Schlag ging es nun. Landung um dreizehn Uhr. Vierzehn Uhr vierstündige Busfahrt nach Gander und anschließend Abflug nach Europa. Wir hatten eines der letzten großen Abenteuer, die es noch zu erleben gibt, hinter uns gebracht.

Anmerkungen des Autors:
Fritz Gottenströter und Rolf Theiß sind zwei alterfahrene Wildwasserfahrer. Da sie unbedingt mit Kajaks fahren wollten, wurde der Zeitgewinn, den sie gegenüber einem Kanu als Fahrzeug herausfuhren, durch die Schwierigkeiten beim Umtragen mehr als negativ kompensiert.
Ferner mußten sie erkennen, daß die Beherrschung der Wildwassertechnik es im »Busch« allein nicht macht.
Und noch eins: Fritz und Rolf hatten sich auf den Little Mecatina versteift (ich hatte einen anderen Fluß vorgeschlagen), ohne daß über das Gewässer irgendwelche Informationen vorlagen. Nur ihrer Wildwassererfahrung ist es zu verdanken, daß es gelang.
Ihr Unternehmen ist eine hervorragende Pionierleistung, denn den Canyon, den sie fast ganz befuhren, umgingen sogar die Indianer in einem großen Bogen und trugen lieber zwölf Meilen weit. Eine Erstbefahrung, die nicht wiederholt werden sollte. Die Leute aus Whale Head glauben mir heute noch nicht, daß da jemand lebend herausgekommen ist.
Und noch was: Rolf schreibt, daß sie glaubten, die achtzig Kilometer zwischen Mecatina und dem Camp am Kecarpoui in zwei Tagen bewältigen zu können.
Das ist – selbst bei guter Kenntnis der Trails und mit einem Kanu – nicht möglich. Für diesen Trip muß mindestens eine Woche veranschlagt werden.

SEIT ER ALS "MR. BIBER" FÜR DIE KANADA-WERBUNG ARBEITET, IST ER ZU EINER ECHTEN PLAGE GEWORDEN.

Einbooten: 120 Meilen südwestlich von Goose Bay per Buschflugzeug, abwärts des Zusammenflusses von Masquamanaga (»Wo der Bär den Lachs frißt«) und Natashquan. Eventuell ist eine Anfahrt auf dem Masquamanaga möglich. Dieser Fluß ist leichter als der obere Natashquan, vorausgesetzt, der Pilot findet einen Landeplatz.
Ausbooten: In Natashquan; von hier Flugverbindungen nach Sept-Iles oder einmal wöchentlich per Combischiff nach Sept-Iles bzw. Blanc-Sablon (hier Straßenanschluß nach Neufundland)
Länge: ca. 240 Meilen
Portagen: 6
Zeit: ca. zehn Tage ab Juli bis September (Optimum: 2. Hälfte August)
Fische: Forelle, Lachs, Hecht
Wild: Bär, Elch, Caribou, Gänse, Wolf, Biber
Karten: 1:250000, 13 D Lac Brulé, 12 M Lac de Morhiban, 12 N Natashquan, 12 K Musquaro
S'-Grad: durchwachsen
Kurzbeschreibung: Anfänglich gibt es keine Schwierigkeiten auf dem raschen, seichten Fluß in ansprechender, dicht bewaldeter, absolut menschenleerer Landschaft. Erst 33 Meilen flußabwärts von der Einmündung des East Natashquan heißt es aufpassen! (2 Fälle, eine Schnelle ist schwierig, eine andere ist unfahrbar.) Allerdings sind die meisten der zehn auf der Karte eingetragenen Schnellen problemlos.
Das ist nicht der Fall bei der folgenden »Rapide des Caches«, wo man höllisch aufpassen muß, um auf dem in diesem Abschnitt sehr schnellen Fluß nicht herabgerissen zu werden! (Umtragen!) – Der »Große Pudding« – ein Abschnitt von 21 Meilen, wo der Fluß in die Breite geht, ist gar nicht so uninteressant, denn hier hat man Zeit, sich mit der Landschaft und der Fauna zu beschäftigen.
Ein aufgegebenes Camp von Hydro Quebec kündigt den letzten 34-Meilen-Abschnitt an. (In diesem Bereich ist das Fischen nicht erlaubt, da zwei Angelclubs die Exklusivrechte gepachtet haben.) Die beiden ersten Schnellen sind mit äußerster Vorsicht anzugehen und zu treideln; es folgt eine weitere kurze Schnelle, die getreidelt werden muß, und direkt danach rauscht ein Fall. Die Portage (links) ist schwierig.

Die nächsten Fälle sind sehr spektakulär (15 m hoch) mit einer leichten Portage am linken Ufer. Zwei Meilen danach donnert Fall Nr. 3 (Portage rechts über die Felsen). Dann hat man drei Meilen weit Zeit, sich auf die letzten Fälle vorzubereiten: die Portage ist diesmal wieder links. Die letzten 11 Meilen weisen keine Probleme mehr auf.
Zweckmäßigerweise bootet man im Dorf Pointe Parent aus. Von hier gibt es eine Piste nach Natashquan.

New Brunswick hat ebenfalls eine ganze Reihe von interessanten Kanutrips von eher lokaler Bedeutung in einer Art Semi-Wildnis auf Lager. Sie alle zu beschreiben, würde zu weit führen.

Einen Überblick verschafft das Faltblatt: »N. B. Canoeing«, erhältlich bei:

Tourism New Brunswick
P. O. Box 1030
Fredericton, N. B., Canada

Ebenso ist es mit Nova Scotia: »Canoe Routes of Nova Scotia« und kann bestellt werden bei:

N. S. Camping – Association
Box 1622
Halifax, N. S., Canada

Boote können geliehen werden bei:

Jim and Charlie Spencer
Shelburne, BOT 1WO, N. S., Canada

G. Nickerson
South Milford
Annapolis County, N. S., Canada

Neville Layton
72, Mitchell Street
New Glasgow, N. S., Canada

Für den Sportfischer

In den Provinzen New Brunswick, Nova Scotia, Prince Edward Island und Newfoundland hat Kanada von der Größenordnung her europäischen Zuschnitt. Die meisten Angelgründe sind mit dem Auto erreichbar. Da lohnt sich am ehesten ein Serien-Befischen, das die Insel Neufundland noch miteinschließen könnte.
New Brunswick hat zwei weltberühmte Lachsgewässer, den Restigouche und den Miramichi. Die besten Strecken an beiden Flüssen sind »Crown Reserve«, an die man im ersteren Fall überhaupt nicht und im letzteren nur nach langer Voranmeldung herankommt!
Einfacher, aber weniger gut ist es dagegen am Hammond, Alma, Black, Bartibog, Big Tracadie und Jacquet. Daneben kommt in diesen Breiten der Binnenlachs vor, der »Ouananiche« des kanadischen Ostens. Die Binnensee-Forelle heißt in New Brunswick »Togue«. Sie ist zwar kleiner als im Kanadischen Schild, dafür gibt's aber mehr, genau wie von der Bachforelle. Die klaren Gewässer im Hinterland wimmeln geradezu davon! An diese Flüsse ist allerdings nur über zumeist miese Holzabfuhrwege heranzukommen.
Die Südwestecke von Nova Scotia und die hier einmündenden Flüsse sind berühmt für ihre Streifenbarsche, die bis zu vierzig Pfund schwer werden, doch sind auch ihre Normalausgaben von fünf bis zwölf Pfund nicht zu verachten!
In Margaree-, Maccan-, St. Mary's-, Gold-, Stewiake-, West-, Grand-, Sheet-Harbour- und Le Have River steigen Lachse auf. Die Neu-Schotten scheinen gute Demokraten zu sein; jedermann, der eine Lizenz und Glück hat, darf Lachse fangen. Dazu gibt's – wie üblich – im Hinterland Bachforellen!
Die Thunfischerei hat nachgelassen, es scheint, daß die Neufundländer jetzt in den Genuß dieser »Riesenmakrelen« kommen. Dafür gibt's ab August an der Ostküste von Cape Breton Island Schwertfische. Entsprechend ausgerüstete Boote laufen von jedem besseren Hafen aus.
Vor Prince Edward Island wurde im Oktober 73 der Weltrekord-Thuna gefangen. Er wog eintausendundachtundsiebzig Pfund! Der Verzehr der Beute ist den Kanadiern allerdings höchstens auf Umwegen vergönnt: wegen des hohen Quecksilbergehaltes dürfen

Fliegenfischen in Zentral-Labrador; rechts unten Dorsche vom St.-Lorenz-Golf diese Fische zwar noch verarbeitet, aber nicht mehr gegessen werden! Also was tut man? Man verkauft Thuna in Dosen nach Japan – wo man nicht so pingelig ist. Vielleicht schicken's die Japaner dann weiter – zu uns?

Die größte Thuna-Flotte ist in North Lake zu Hause. Die Charterkosten belaufen sich auf etwa hundertzwanzig Dollar pro Tag. Teilt man sich den Stuhl mit jemandem, wird's billiger.

Wie auch sonstwo in den »Maritimes«, den Atlantik-Provinzen, ist das Salzwasserfischen ein Hauptspaß. Makrele, Dorsch, Plattfisch, Pollak sind hier noch weitaus zahlreicher als an der Nord- und Ostsee.

Hinzu kommen die feinsandigen Badestrände, Austern, Krabben, Hummer, Muscheln, darunter die berühmten Scallops, Jakobsmuscheln von der Größe eines Kaffeeuntersatzes, und in den Bächen der Insel unzählige Bachforellen. Nicht zu vergessen, daß auch hier Lachse aufsteigen!

Apropos Lachsangeln: Neufundland ist nicht der schlechteste Platz, sich in dieser Kunst zu versuchen. Über ein paar Dutzend Flüsse steigen diese silbernen Schönheiten auf. Wer will, kann alle Gewässer abfahren wie die Nummern auf einem Zifferblatt. Wer allerdings weiter als eine Viertelmeile von der Highway-Brücke entfernt fischt, muß einen Guide haben. Die Kosten kann man auf zwei, drei Leute aufteilen. Die Fische sind so groß wie in den klassischen Lachszentren, aber die Chancen, überhaupt was zu fangen, sind besser.

Bachforellen – hier merkwürdigerweise »Mud Trout« geheißen, gibt es allenthalben, auch gute Binnenseeforellen im unzugänglichen Landesinnern.

Sonst ist das Fischwasser auf Neufundland nicht gerade artenreich. Der Hecht fehlt vollkommen.

Dafür ist die Insel in den letzten Jahren ein Zentrum für den Thunfischfang geworden! Die Fangaussichten in der Bonavista, Conception, Trinity, Notre Dame und Green Bay sind besser als anderswo. Wer nichts fängt, dem mag vielleicht ein fünfzigpfündiger Dorsch nicht der schlechteste Trost sein!

Es bleibt noch der zu Neufundland gehörende Teil Labradors zu besprechen. Hier ist der Platz für Wildnispioniere. Die Chancen auf Lachs, arktischen Saibling, Meerforelle sind ganz hervorragend. Allerdings ist da in jedem Fall ein gechartertes Buschflugzeug zum Einfliegen vonnöten. Goose Bay ist der wichtigste Ab-

sprunghafen (Adresse der Charter-Fluggesellschaft siehe Anhang).
Hunderte von Flüssen bieten nicht ausschöpfbare Möglichkeiten. Leider ist der Spaß wegen der hohen Flugkosten recht teuer.

Adressen:

New Brunswick Department of Tourism
Box 1030
Fredericton, N. B./Canada

Nova Scotia Department of Tourism
Box 130
Halifax, N. S./Canada

Prince Edward Island
Department of the Environment and Tourism
Box 940
Charlottetown, P. E. I./Canada

Newfoundland and Labrador Tourist Services Divisions
Elizabeth Towers
St. John's/Nfld./Canada

Bücher über die atlantischen Küstenprovinzen:

Bown, Addison, »Newfoundland Journeys«, Carton Press, Inc. New York
Engel, Elmar, »Abenteuer Labrador«, Busse, Herford
Horwood, Harold, »White Eskimo«, Doubleday, Toronto
Ingstad, Helge, »Die erste Entdeckung Amerikas«, Deutsche Buchgemeinschaft, Darmstadt
Mowat, Farley, »Das Boot, das nicht schwimmen wollte«, Übersetzung von Brigitte Engel, Trier, Busse, Herford

Französisch-Kanada – die Provinz Québec

1360000 km² – 6300000 Einwohner

ca. 4 Menschen auf 1 km², siebenfache Größe der BRD, 1/11 von deren Einwohnerzahl.

Holz-/Papierindustrie, Erzbergbau, Landwirtschaft, Wasserkraftanlagen, weiterverarbeitende Industrie

Fischen, Kanusport, Jagd, Cross-Country-Ski, Segeln

Québec nimmt unter den kanadischen Provinzen eine Sonderstellung ein. Nicht nur, daß hier französisch gesprochen wird, die Québecois sind katholisch und die Gegend zu beiden Seiten der Trichtermündung des St. Lorenz ist – ganz im Gegensatz zu dem sonst angelsächsisch geprägten Kontinent – ein Stück provinzielles Frankreich.
Für den Wildnisfan ist vor allem der zu Québec gehörende Teil Labradors (»le Nouveau Québec«) reizvoll. Caribou-, Elch- und Wildgansjagd sowie Fischen auf Lachse und Queen-Size-Forellen sind »en vogue«.
Leider sind alle »Outdoor«-Aktivitäten nördlich des 53° nördlicher Breite, also auch das Kanufahren, von der Mitnahme eines einheimischen Guides abhängig. Dadurch bleiben eine ganze Reihe von wunderschönen, wenn auch harten Wildflüssen für den abenteuernden Kanuten außerhalb der finanziellen Reichweite.
Das »James-Bay-Projekt« hat eine Reihe von Flüssen in Mitleidenschaft gezogen. Doch werden andere Gewässer zugänglicher. Wildnis-Einsamkeit braucht zumindest für unsere Generation in Québec noch nicht kleingeschrieben zu werden!

Flußbeschreibungen

Romaine River (Oulamen)

(Nicht zu verwechseln mit dem Romaine weiter östlich.) Dieser Fluß – um es vornherein zu sagen – ist so schwer, daß die wildwassererfahrenen Montagnais-Indianer lieber zu Fuß an ihm entlang gingen!
Trotzdem sei er mit einigen Worten bedacht; vielleicht nehmen ihn sich einmal ein paar Experten vor!
Der Oberlauf ist der leichteste Teil (22 Meilen). Aber auch er beinhaltet ein paar saftige Schnellen, die umtragen oder getreidelt werden müssen. Dann folgen »Les Murailles« ab Meile 57 (von der Mündung her gerechnet). Der Romaine fällt auf 7 Meilen um 55 m! Landschaftlich ist das Ganze zwar äußerst pittoresk, doch Schnellen und Fälle machen es zu einem recht anstrengenden Spaß mit ihren äußerst schwierigen Portagen.

Dafür hat man es auf den folgenden 12 Meilen wieder leichter. Danach jedoch zeigt der Romaine auf 8 Meilen wieder die Zähne mit einem 30-m-Wasserfall am Ende dieser Strecke.
Auf dem anschließenden 22-Meilen-Abschnitt sind zwei Fälle zu umtragen; dann kündigt sich die Zivilisation in Form einer Eisenbahnbrücke an. Auf den letzten 9 Meilen müssen eine Schnelle (unter der Straßenbrücke) und der Fall an der Mündung umtragen werden. Die Mündungsbucht ist übrigens landschaftlich sehr reizvoll.

Manitou River

Ein relativ kurzes Gewässer – eine 55 Meilen lange Kette von klaren Seen im Oberlauf, die einfach zu befahren sind. Seen, bei denen die Reize auf der landschaftlichen Seite liegen. Die restlichen 15 Meilen sind dagegen sehr schwer. Allerdings ist die Portage gut.

Moisie River

Einbooten: Empfohlen wird der Pekans River (190 Meilen von der Mündung); doch müßte es noch andere Punkte geben, wo es möglich ist, mit einem Wasserflugzeug zu landen.
Ausbooten: Im Ort Moisie an der Mündung (Straßenverbindung nach Sept-Iles – 16 Meilen)
Länge: 190 Meilen
Portagen: 14 bis 16
Zeit: 13 bis 17 Tage Juli bis September (Optimum August)
Fische: Forelle, Lachs (einer der besten Lachsflüsse der Welt)
Wild: Elch, Caribou
Karten: 22 J Sept-Iles; 22 O Lac Fouquet; 23 B Opocopa Lake (alle 1:250000)
S'-Grad: Mittelschwer
Kurzbeschreibung: Dieser Fluß könnte einmal eine gewisse Reputation bei den europäischen Kanuten erwerben, denn er ist der bedeutendste, der landschaftlich eindrucksvollste und wohl fahrtechnisch interessanteste nach Süden abfließende Fluß der Halbinsel Labrador.
Die Beschreibung des Einsatzpunktes »Pekans River« ist unklar,

deshalb ist es zweckmäßig, vom Flugzeug aus die ganze Angelegenheit nochmals zu rekognoszieren! Auf den ersten 6 Meilen ab der Mündung des Pekans ist der Moisie sehr schnell, mit einer Reihe von Schwällen und schließlich einem 2-m-Fall. Die folgenden 20 Meilen sind leichter. Kurz hintereinander liegen folgende Hindernisse: ein 6-m-Fall, ein 1-m-Fall und eine 100 m lange, verblockte Schnelle.
Die vier Meilen bis zur Mündung des Taoti River haben ein Gefälle von 48 m. Von den 8 Schnellen sind 3 oder 4 fahrbar, der Rest kann zum Teil getreidelt werden. Bis zur Einmündung des Ouapetec strömt der Moisie durch ein eindrucksvolles canyon-ähnliches Tal mit drei Schnellen. (Die erste im unteren Abschnitt rechts treideln und schließlich umtragen.)
10 Meilen oberhalb der Joseph-River-Mündung führt eine Portage an einem engen, kurzen Canyon entlang. Dann folgen 3 Schnellen: die erste ist kurz und leicht zu treideln, die beiden anderen (ober- und unterhalb der Mündung) sind unter Vorbehalt fahrbar. Bis zum Nipisso River ist dann nur noch eine Schnelle (6 Meilen oberhalb von dessen Einmündung) rechts zu umtragen.
Ab der Nipisso-Mündung begleiten eine Starkstromleitung und die Labrador-Erzbahn (Sept-Iles – Schefferville) den Fluß. Bei deren Bau ist das Bett des Moisie zum Teil durch den Abraum verengt – also doppelt aufgepaßt!
12 Meilen unterhalb der Nipisso-Mündung hat man sich mit den letzten 5 Schnellen herumzuschlagen. Sie sind teils unter allen Vorbehalten fahrbar, müssen teils getreidelt oder portagiert werden! Auch hier ist ein Angelrevier für Lachsfischer! Es versteht sich, daß man diese Leute – die das Ihrige zur Konservierung von natürlichen Flußläufen tun – respektiert.

De Pas und George River

Zusammen mit meiner Frau hatte ich 1969 den Versuch unternommen, über den De Pas zum George River und von diesem zur Ungava Bay vorzustoßen.
An den De Pas kann man von Schefferville aus herankommen (das mit Sept-Iles durch die Labrador-Erzbahn verbunden ist). Von dort führt eine Straße zum Attikamagan Lake. Über Mole-, Foxe-, Fréderikson und ein paar Portagen kann man sich auf eigenem

Kiel zu den Quellgewässern des Flusses durchschlagen. Wir hatten damals weder Karten von diesem Gebiet (da noch nicht veröffentlicht) noch ausreichend Zeit. Die Schnellen zwischen den De-Pas-Seen dürften keine Schwierigkeiten bereiten. Diese beginnen nach dem Ausfluß aus dem Jamin Lake, dem letzten See der Kette. Erst jetzt wird der De Pas ein richtiger Fluß – mit den schwierigen Schnellen direkt am Ausfluß des Jamin und etwa 2 km danach. Beide Schnellen sind leicht zu umtragen, für den, der Mumm hat, aber auch fahrbar! Doch auch zwischendurch heißt es aufpassen! Da gibt es verblockte Strecken und eine ganze Reihe von Felsriegeln im Fluß. In einer der Blockstrecken kenterte meine Frau. Wir verloren ihr Boot mit der gesamten Verpflegung und gerieten in eine ganz vertrackte Situation. Mit Fischen, der Jagd auf Niederwild und Federvieh schafften wir es eine Reihe von Tagen, bis uns rein zufällig der Buschpilot Tim Cole fand.
Der untere Abschnitt des De Pas wird noch schwieriger – einen Teil davon haben wir aus der Luft sehen können – mit unfahrbaren Katarakten, Fällen und weiß ich, was sonst noch. Für diese Strecke sollte man sich viel Zeit lassen!
Der De Pas mündet in den Indian House Lake (ein Teil des George River). Auf manchen Karten ist dieser See mit »Lac de la Hutte Sauvage«, der französischen Bezeichnung, eingetragen.
Den Rest des George haben wir überflogen. Er dürfte mit Ausnahme der Helen Falls fahrbar sein, strömt durch eine eindrucksvolle Landschaft, ist aber wassertechnisch nicht ohne! An seinem Lauf gibt es eine Reihe von Angelcamps, die in Notfällen eine Zufluchtsstätte sind. Aber bitte nur dann. Es sei denn, man wird eingeladen.
Ausbooten in George River (französisch: Port Nouveau Québec), einem Eskimodorf von zweihundert Seelen. Achtung im Mündungsschlauch des George: der Gezeitenhub beträgt hier bis zu 16 m (in Worten: sechzehn Meter!).
Leider hat die Provinzregierung von Québec ein Verbot – wegen teurer Suchaktionen nach vermißten Touristen – erlassen, das besagt, daß ab dem 53. Grad nördlicher Breite niemand, der nicht in Québec ortsansässig ist, sich ohne Begleitung eines Guide in den Busch begeben darf. Das schiebt der ganzen kanutechnischen Entwicklung von Nouveau Québec (wie der zu Québec gehörende Teil von Labrador heute offiziell heißt) erst einmal einen Riegel vor. Allerdings werden Ausnahmen gemacht. Wenn irgendeiner

wirklich eine Pioniertat vorhat und die entsprechenden Qualifikationen mitbringt, sollte er sich an mich wenden. Vielleicht kann ich was für ihn tun.
Ein anderes Problem ist das James-Bay-Projekt. Hier wird eine ganze Reihe von Flüssen aufgestaut, darunter so vorzügliche Kanuflüsse wie der Rupert, der Broadback, La Grande (Fort George River), Eastmain und Nottaway.
Eine Befahrung dieser Gewässer ist vorläufig verboten. In Mitleidenschaft soll auch der Caniapiscau gezogen sein, doch darüber haben die Mächtigen noch nicht endgültig befunden.

Mistassini Lake

Ein klares Süßwassermeer von ca. 100 Meilen Längenausdehnung, der größte See der Provinz Québec, mit Buchten, Inseln, Zu- und Abflüssen, Möglichkeiten zum Angeln etc.... Vielleicht nicht der schlechteste Tip für einen Wildnis- und Kanuneuling, hier die Feuertaufe zu bestehen!
Daneben gibt es eine Reihe von Flußfahrten, wie z. B. auf dem Rivière Califour (Länge 100 Meilen), über den die Provinzregierung Québec eine Flußkarte herausgebracht hat, die kostenlos erhältlich ist. Weiter ist da die 200-Meilen-Tour nach St. Félicien am Lac St. Jean, der wiederum mit dem mächtigen Saguenay und der St.-Lorenz-Mündung in Verbindung steht.
Doch zurück zum Mistassini nach Bai de la Poste. Diese Indianersiedlung ist der Ausgangspunkt für die Fahrt nach St. Félicien. Zuerst einmal geht es 10 Meilen in südöstlicher Richtung über den See mit einem »Lupfer« über eine Sandmoräne – in die Mündung des Perch River hinein. Die Reise stromauf ist nicht eben leicht. Der Fluß verengt sich bald auf 25 m. Dieser Abschnitt ist 23 Meilen lang. Die Portagen sind gut. Sie werden nach wie vor von den Indianern zum Pelztierfang benutzt. Anderthalb Meilen sind bis zum File Axe Lake zu tragen. Die folgenden 18 Meilen sind eine Seenkette ohne Portagen mit ausgezeichneten Hecht- und Zander-Fischen.
Ab dem Lac Laganière beginnt der Rivière du Chef. Die 32 Meilen bis zum Rivière de l'Epervier beinhalten 4 Portagen. Auf den folgenden 47 Meilen bis zum Zusammenfluß mit dem Chamouchouane sind es drei. Auf dem Chamouchouane geht es (landschaftlich

sehr schön) weiter bis Chaudière Falls (40 Meilen – 2 Portagen). Doch dann kommt rund um diese Fälle eine Zwei-Meilen-Schlepperei auf der rechten Seite. Die restlichen 46 Meilen bis St. Félicien sind mit 8 erforderlichen Tragereien mühsam, aber auch recht hübsch.

Eine der ganz großen Kanureisen war die Fahrt von Mistassini Lake zur James Bay über den Rupert River! Eine Fahrt von knapp 400 Meilen. Leider ist da vorläufig nichts zu machen, denn aufgrund der Arbeiten am James-Bay-Projekt ist eine Befahrung dieses Flusses, wie bereits gesagt, verboten. Vielleicht wird's in späteren Jahren noch mal...

Auf die Möglichkeiten für Kanutouren in den Provinzial-Parks Laurentides, Papineau Labelle, La Verendrye sollte vor allem der Anfänger zurückgreifen. In diesen Parks sind kurze Strecken ohne größere Schwierigkeiten abgesteckt, für die es Karten und genaue Fahrtenanweisungen gibt. Daneben kann man in (oder in der Nähe) den Parks Kanus und Zelte mieten. Über diese Möglichkeiten informiert die Provinzregierung von Québec – Adresse im Anhang.

Von diesen Parks verdient vor allem der La Verendrye die größte Aufmerksamkeit (220 Meilen nordwestlich von Montreal, am Highway 58) – nicht nur für Anfänger, sondern auch für »Fortgeschrittene«.

Innerhalb der Grenzen des Parkes kann man verschiedene Routen ganz verschiedener Schwierigkeitsgrade (Rundkurse) wählen, die eine Gesamtstrecke von 1300 (!) Meilen ergeben. Der Park ist abgelegener und wesentlich ruhiger als beispielsweise Algonquin oder Quetico in Ontario, die beiden klassischen Parks für den Kanufahrer. Und was den »Echten« unter diesen Vaganten nur recht sein kann: im Verendrye-Park sind Bootsmotoren verboten!

Und wie steht's mit dem Angeln?

In rund sechzig Flüssen rund um den St.-Lorenz-Golf steigt der atlantische Lachs auf. Hinzu kommen noch ein paar Gewässer im Süden der Halbinsel Gaspé und weitere im »wilden Norden« an der Ungava Bay. Damit ist Québec reich bedacht!
Diese Provinz hat ein System entwickelt, das dem deutschen nicht unähnlich ist: die Regierung verpachtet Flußabschnitte und Seen an Clubs. Die meisten sind kommerziell aufgezogen – und da darf auch der Gastangler, gegen klingende Münze, seine Fliege aufs Wasser setzen. Einige der besten Strecken allerdings haben sich die obersten Hundert der oberen Zehntausend vorbehalten. Das sind ganz exclusive Clubs (»exclusiv« mit »c« bitte!), wo nicht profan geangelt, sondern ein Ritus zelebriert wird. Doch was soll's, normal Sterbliche kommen da ohnehin nicht hinein. Glücklicherweise gibt's in Québec soviel Wasser, daß für letztere genug übrig bleibt.
Vielleicht ein paar wenige Worte zum Lachsangeln: Ausdauer, Erfahrung, Können, Glück und eine entsprechende Ausrüstung ist ein »Muß« – und dennoch bleiben kaum jemand Enttäuschungen erspart. Dabei sind die kanadischen Lachse nicht hinterfotziger als ihre Kollegen in Norwegen, Island, Irland oder sonstwo – sie nehmen halt kein Futter an, nachdem sie in die Flüsse aufgestiegen sind! Wenn sie anbeißen, so ist das ihr unbezähmbarer Raubtrieb, der die bekannten fatalen Folgen (für den Lachs) hat. Doch dieser Raubtrieb funktioniert oft – sehr oft – nicht.
Kooperativer sind die »Grilse«, ebenfalls atlantische Lachse, die zum erstenmal laichen (sie sind zwischen drei und fünf Pfund schwer). Gut beißen auch die »Schwarzen« Lachse oder »Slings«. Im Frühjahr kehren sie erschöpft von dem Geschäft, das der Erhaltung der Art dient, nach einer Gewichtseinbuße von dreißig bis vierzig Prozent zurück ins Meer.
In fast allen nördlichen Gewässern steht der Binnenlachs – jener Ou-a-na-niche, der im Schnitt nur zwei bis drei Pfund schwer wird, und die Bachforelle, eine sehr gesuchte Trophäe mit wunderschönem rotem Fleisch. Sie teilt die Gewässer mit der Binnensee-Forelle, mit dem Hecht, dem Weißfisch und last not least dem Wels.
Oben im Norden, an der Ungava Bay, steigen Arktische Saiblinge auf, die in Aussehen, kämpferischem Elan, Gewicht und Ge-

schmack mit dem Lachs rivalisieren. Von ihnen gibt es ebenfalls eine Süßwasser-Spezies, allerdings keine dicken Brummer, sondern Ein-, Zweipfünder – aber ganz herrlich gezeichnete Fische! Unten, im Süden dagegen, ist Hecht- und Muskie-Gebiet (um Valleyfield), da sind Barsche (achigan), Zander (doré) und Aale. Armdicke Zwei-, Drei- und Vierpfünder sind unter den letzteren die Regel.
Und dazu kommt das Salzwasser, da sind Meerforelle, Dorsch, die Plattfische, Makrele und Seebarsch eine leicht zugängliche Alternative – von den Gaumenfreuden, die das Salzwasser mit sich bringt und die anderswo beschrieben sind, einmal ganz zu schweigen.

Adressen Provinz Québec

Québec Department of Tourism, Fish and Game
Complex »G«, 7th Floor
Québec, P. Q./Canada

Vertretung in Deutschland:

Regierung von Québec
Klaus Roth
Königsallee Nr. 30
D – 4000 Düsseldorf 1
Tel. 0211-320816

Direction des Parcs
Ministère du Tourisme, de la Chasse et de la Pêche
C. P. 8888
Québec, P. Q., Canada

Direction des Parcs
Saint-Alexis-des-Monts
Comté de Maskinongé, P. Q., Canada

Information über Kanutouren im Mistassini-Gebiet:

Direction des Parcs
748 Marcotte Blvd.
Roberval, P. Q., Canada

Angeln u. Caribou-Jagd in Nord-Québec:

Fritz Gregor
P. O. Box 112
Sept-Iles, P. Q., Canada

Kanu – Fischen – Segeln

Elmar Engel
Kecarpoui
LA TABATIERE GOG 1 TO
P. Q., Canada
oder
Fixheider Weg 23
5000 Köln 80

Bücher über Québec

Blais, Marie-Claire, »Schwarzer Winter«, dtv, München
Engel, Elmar, »Abenteuer Labrador«, Busse, Herford
Hogrebe, Johannes, »In urigen Wäldern und auf einsamen Seen«, Safari, Berlin

Kanadas Herzland – Ontario

920 000 km² – 8 500 000 Einwohner

6 Einwohner auf 1 km², vierfache Größe der BRD, 1/8 von deren Einwohnerzahl

Schwerindustrie, Bergbau, verarbeitende Industrie, Holz, Landwirtschaft

Kanusport, Fischen, Segeln, Jagd

Thousand Islands

Einhundertfünfzig Meilen stromaufwärts von Montreal – zwischen Kingston und Brockville – verbreitert sich der St.-Lorenz-Strom bis zu einer Weite von sieben Meilen. Ein Zipfel der riesigen Granitbarriere des Kanadischen Schildes reicht an dieser Stelle bis in die USA hinein. Der St. Lorenz umgeht den erdgeschichtlich uralten Buckel und schafft für die Kanadier und US-Amerikaner ein Feriengebiet, das der Umgebung von Stockholm oder Helsinki zum Verwechseln ähnlich ist.

Kanada und die USA teilen sich die genau eintausendsiebenhundertachtundsechzig Inseln, von denen die größte zweiundzwanzig Quadratmeilen groß und die kleinste zweihundert Quadratmeter klein ist.

Schon die alten Irokesen – sonst eher handfestem Kriegshandwerk als feinsinniger Poesie zugetan – nannten die Inseln »Manatona« – »Der Garten des Großen Geistes«.

Die Kanadier dagegen verliehen ihren Inseln die Namen von Kriegshelden der Jahre um 1812. Damals hatten ein paar Regimenter US-Soldaten versucht, ihrem Nachbarn im Norden eins auszuwischen. Die Kanadier schlugen den Feind mit dem Mute der Verzweiflung zurück. Doch mittlerweile haben die US-Konzerne mit friedlichen Mitteln das nachgeholt, was die Krieger damals versäumten. Ein Omen, das sich bereits um die Jahrhundertwende manifestierte: damals wurden die Thousand Islands für Nordamerika das, was die Costa Smeralda heute für Europa ist – ein Ferienzentrum für feine Leute.

Mr. Pullman (Pullman Cars), Mr. Boldt (feine Hotels), Mr. Noble (Bonbons) und eine Reihe weiterer Gentlemen aus dem Big Business schufen sich hier ihre Residenzen. Ihrem mehr oder weniger leuchtenden Beispiel folgten Tausende von Nachahmern. Heute sind fast alle Inseln verkauft und in Privatbesitz, doch gibt es eine ganze Reihe von öffentlichen Campingplätzen.

Eine Attraktion für die Nordamerikaner ist das – nicht fertiggestellte – Wasserschloß von Mr. Boldt, genau wie die Replica des Grabes von Napoleon und die Residenz eines anderen Bewunderers des großen – kleinen – Franzosen, dessen Haus die Form des napoleonischen Dreispitz gegeben wurde.

Es gibt noch mehr zu sehen: die längste internationale Straßen-

brücke der Welt, die Thousand Island Bridge (sieben Meilen) und die kürzeste bis dato bekannte internationale Brücke zwischen den beiden Zavikon-Inseln (neun Meter).
Die Thousand Islands sind ein Stück hübsches Nordamerika; ein Eldorado für Segel-, Motor- und Hausbootkapitäne. Ein Ausgangs- oder Endpunkt für einen Trip über den Rideau nach Ottawa oder den Trent-Severn-Wasserweg zur Georgian Bay am Huron Lake – mit dem Georgian Bay Islands Nationalpark – eine weitere sehr empfehlenswerte Ferientour!

Der Quetico-Park

Dieses Naturparadies liegt diesseits und jenseits der »Internationalen Grenze« – damit ist die US-Grenze gemeint. Den Park aber als »echte« Wildnis anzupreisen, wie es in manchen Prospekten getan wird, das halte ich nicht gerade den Gegebenheiten entsprechend. Vor allen Dingen im Juli und August gibt es einiges Gedränge auf den Zeltplätzen – und man muß suchen, um ein wirklich abgelegenes Plätzchen zu finden. Doch nicht alle sind Einsamkeitsfanatiker, und für den, der auf die Gesellschaft seiner mehr oder weniger lieben Mitmenschen nicht ganz verzichten will, für den ist Quetico das Richtige!
Es ist einer der ältesten Naturparks in Nordamerika, und seine Geschichte ist ein Beispiel für die Interessenkollision zwischen denen, die ein Stück unverdorbene Natur verteidigen, und jenen, die einfach alles auf das Konsumkarussell laden wollen und dabei nicht merken, wie sie den Ast, auf dem sie bzw. ihre Nachbarn sitzen, gleich mit abschneiden. In diesem Gebiet saßen ursprünglich – und sitzen zum Teil noch – die Ojibwa-Indianer. Ein Stamm, von dem 1858 Simon Dawson folgendes schrieb:
»Ich glaube nicht, daß ich bis dato bessere Männer gesehen habe. Sie waren alle groß und figürlich gut durchgebildet. Sie verbreiteten eine Atmosphäre von Freiheit, Großzügigkeit, Unabhängigkeit und Selbstsicherheit, ganz verschieden von dem unterwürfigen Gehabe der Indianer in den besiedelten Teilen Kanadas.«
Die Ojibwa kamen gerade von einem Kriegszug gegen die benachbarten Sioux zurück.

Sie müssen schon etwas Respekteinflößendes gehabt haben, diese Rothäute, denn alle, die durch ihr Gebiet reisten, traten in ihrer Gegenwart sehr leise und sehr bescheiden auf. Büchse, Tomahawk und Skalpiermesser, die zur ständigen Ausrüstung gehörten, unterstrichen ihre imponierende Erscheinung. Und noch eins schien ihnen, nach Reiseberichten aus dem vergangenen Jahrhundert, gemeinsam zu sein: eine tiefe Abneigung gegen die Zivilisation der Bleichgesichter!
1862 schloß sich der Ojibwa-Häuptling Blackstone dem Sioux Little Crow an. Das Ergebnis war wilde Attacke gegen die Weißen im heutigen Minnesota und ein halbes Tausend tote Siedler und Soldaten.
Noch 1870, als Colonel Wolseley in ein langes Palaver mit dem Oberhäuptling Crooked Neck engagiert war (es ging um das Durchmarschrecht von weißen Soldaten), und Wolseley ein paar Glamour-Geschenke präsentierte, wies Crooked Neck das Glitzerzeug zurück und beschied den Weißen:
»Bin ich etwa ein Hecht, den man mit solch einem Köder zu fangen versucht?«
Schließlich gab er doch in der Frage des Durchmarschrechtes nach, lehnte aber jeglichen Landverkauf und Siedlungswünsche der Weißen strikt ab. Dann kam es wie überall im Westen: die Bleichgesichter köderten Teilgruppen mit »Treaty Money« (Vertragsgeld). Jeder Indianer erhielt eine einmalige Zuwendung von zwölf Dollar und eine jährliche Abfindung von fünf Dollar, nachdem der Stamm zugesichert hatte, sich in ein Reservat zurückzuziehen. Die Größe des Reservates wurde so festgelegt, daß eine fünfköpfige Familie einen Lebensraum von einer Quadratmeile zur Verfügung hatte. Das ist natürlich recht viel in einem Gebiet mit intensiver landwirtschaftlicher Nutzung, ermöglicht aber in einem Lebensraum, in dem die Jagd und der Fischfang die Existenzgrundlage darstellen, kaum ein Dahinvegetieren.
Dann kamen Krankheiten: Pocken, Tuberkulose und Ähnliches – und von den Reservaten blieb nur eines bis zum heutigen Tag übrig: Neguaguon, das an den heutigen Park direkt angrenzt.
Schon 1905 wurde der Quetico-Superior (der letztere Name gilt für den amerikanischen Teil) zum Provinzialpark erklärt, um dem Abschlachten der Elche ein Ende zu bereiten, das als billige Fleischversorgung für die Holzfäller-Camps gerade recht schien. Doch die Geschäftemacher verbuchten eine Runde zu ihren Gun-

sten, als sie die herrlichen Kiefernbestände während des Ersten Weltkrieges als »kriegswichtigen Rohstoff« zersägten. Das gleiche Spiel wiederholte man übrigens während des Zweiten Weltkrieges, doch verhinderten Schutzmaßnahmen das Allerschlimmste. Die Bodenschätze fanden die Prospektoren und Geologen glücklicherweise nicht abbauwürdig.
Zwischen den Kriegen versuchte ein mächtiger Industrieboß, ein Mister Backus, »im Namen des Fortschritts« eine Serie von sieben Dämmen zur Elektrizitätsgewinnung aufschütten zu lassen. Nach scheinbar endlosem intrigenreichem Gerangel mußte Mr. E. W. Backus seine Pläne begraben.
Dann, nach dem Weltkrieg Nr. 2, trat eine andere Gefahr auf: »Sportsleute« flogen mit gecharterten Maschinen ein und versuchten, ganze Flugzeugladungen von Hechten, Zandern und Forellen herauszutransportieren und mit gutem Profit zu verhökern.
Der Gefahr eines solchen Raubbaues begegnete man, indem einige Gebiete des Parkes als »off limits« für Flugzeuge erklärt wurden.
Des weiteren gab es in den letzten Jahren eine Interessenkollision zwischen so verschieden motivierten Erholungssuchenden wie Kanu- und Motorbootfahrern, mit einem riesigen Rattenschwanz von ökonomischen Argumenten letzterer und der ihnen verbundenen Industrie und Händler – und endlich das Problem der Saturierung.
Zwar ist die Zahl von fünfzigtausend Besuchern des Parks für europäische Verhältnisse nicht sehr beeindruckend. Doch für den, dem die »Blaue Blume« in der Einsamkeit der Wildnis blüht, für den ist Quetico, bei allem Zauber, der von dieser Landschaft ausgeht, nicht das, was »Walden« für Thoreau war.
Ähnlich populär ist der Algonquin-Park, siebentausendfünfhundert Quadratkilometer groß, hundertdreißig Meilen nördlich von Toronto. Dort gibt es etwa tausend Meilen Kanurouten, mit einer ganzen Reihe von Outfittern, die Boote und Gerät vermieten.
Nord-Ontario ist ein Wildnisparadies! Fels, Wald, Wasser – mit Straßen, die zu einem »Jump-off-Punkt« führen, zu dem man meistens auf den abenteuerlichsten Wegen zurückkehren kann.

Über den French River vom Nipissing Lake zur Georgian Bay; 65 Flußmeilen mit einigen saftigen Stromschnellen, darunter die Big Pine Rapids, die schon zur Zeit der Voyageurs (der French gehörte zu den klassischen Routen) den Beinamen »Canoe Eater« trugen!
Eine andere Strecke beginnt am Thor Lake an der »Canadian National«, 50 Meilen nördlich von Sudbury – geht über den Vermilion River nach Naughton am Highway 17 (150 Meilen). Ein dritter Startpunkt ist Biscotasing (80 Meilen nordwestlich von Sudbury an der Canadian Pacific). Es geht den Spanish River hinunter (132 Meilen). Biscotasing ist übrigens der Ausgangspunkt für eine ganze Reihe von Touren!
Lake Superior und Lake Huron sind Binnenmeere. Küstenfahrten mit Kanus sind möglich, aber auf diesen Gewässern ist das Kanu weit davon entfernt, das ideale Fahrzeug abzugeben.
Vor allem der Lake Superior (600 km lang, bis zu 400 m tief) hat seine Tücken! Das Wasser wird auch im Hochsommer kaum über null Grad warm. Die riesige, kalte Fläche im Gegensatz zu den sich rasch erwärmenden Felsufern erzeugt ein schlecht vorhersehbares, ganz lokales Klima mit viel Nebel an warmen Sommertagen, der zwar bald in der Sonne zerfließt, aber am Nachmittag heißt es aufgepaßt! Dann entstehen wilde Luftwirbel, die einem kleinen Boot wenig Chancen lassen. Anders ist es im North Channel des Huron Lake, wo die Wetterverhältnisse weniger harsch sind, wo im Sommer ziemlich zuverlässig mäßige Westwinde gehen, wo man im Notfall auf der Leeseite von Hunderten von Inseln sich verkriechen kann, wo das Wasser genauso klar ist wie am Superior! Doch auch der North Channel ist eher ein Revier für Segler als für Kanuten.
Eine ganze Reihe von Kanurouten führen vom Huron- bzw. Superior-See zur James Bay, dem südlichen Zipfel der Hudson Bay. Von Moosonee kann man mit dem Polar Bear Express für wenig Geld wieder zurückfahren. Allerdings ist ein solcher Trip 800 bis 1000 Meilen lang, mit unzähligen Portagen und Stromschnellen. Die Attraktivität leidet etwas darunter, daß rund 200 Meilen der Strecke durch sumpfiges Marschland führen (das rund um die James Bay liegt).

Ein Einstieg befindet sich westlich des Ortes Blind River. Es geht den Missisagi River in nordöstlicher Richtung hinauf bis zum bereits erwähnten Biscotasing, dann über Gogama und Mattagami hinunter zum Moose. Zehn Meilen vor dessen Mündung liegt Moosonee.
Eine andere Route beginnt in Spanish (30 Meilen westlich von Espanola), geht den East Spanish River aufwärts, dann weiter über den Mollie River und Dividing Lake zum Mattagami. Der dritte Weg hat als Ausgangspunkt die Fungus Creek Bridge (Nähe Wawa, Lake Superior). Über eine Reihe von Stauseen (früher war das einmal der Micipicoten River, aber so ist die Stromauffahrt leichter geworden) paddelt man zum Dog Lake (60 Meilen, 9 Portagen), dann nach Missanabie, weiter westlich in den Crooked Lake, in die Baltic Bay, in den Missinabie Lake und River nach Mattica (160 Meilen, 42 Portagen). Von hier sind es dann noch 200 Meilen bis Moosonee.
Und da ist noch ein Weg nach Moosonee – und zwar über den Rainy Lake (Vorsicht, es gibt mehrere davon!). Dieser hier ist per Buschflugzeug ab Cochrane erreichbar. Die Strecke ist 300 Meilen lang, der Fluß heißt Wakwayowkastic. Die Befahrungsschwierigkeiten sollen denen der Aussprache entsprechen.
Der nächste große Strom auf dem Weg in die James Bay ist der Albany. Selbst habe ich noch nicht an seinen Ufern gestanden, doch es muß ein imponierendes Gewässer sein. Einen mir bekannten Labrador-Fischer, den die Zeitläufte nach Fort Albany verschlagen hatten, scheint der Strom ungemein beeindruckt zu haben. Er taufte, wieder in heimischen Gefilden an der Labrador-Küste, seinen gerade geborenen Sohn zur großen Befremdlichkeit seines Weibes und der übrigen Dorfbewohner zur Erinnerung an den Albany River: Albana!
650 Meilen sind es von Sioux Lookout über Lac Seul und Lac Joseph bis Fort Albany. Diese Fahrt kann man aber schon in Quetico beginnen! Vom Lac la Croix geht's zum Rainy Lake entlang der US-Grenze (80 Meilen, 2 Portagen), und von der Etappe Fort Frances weiter zur Redgut Bay (50 Meilen). Der Rainy Lake hat trotz seiner Größe wenige offene, ungeschützte Wasserflächen. Von diesem Gewässer führt die Route über den Turtle River (ca. 100 Meilen, 20 Portagen) zum Ort Wabigon am Highway 17 und dem Wabigon River zum Sandbar Lake und über den English River nach Sioux Lookout (ca. 80 Meilen).

Achtung! Die Gegend um Sioux Lookout verleitet zu den verschiedenartigsten Abstechern, und der späteste Termin für die Ankunft in Fort Albany dürfte der 20. September sein. Von Fort Albany chartert man zweckmäßigerweise ein Frachtkanu nach Moosonee. Da aber die James Bay eine große Reputation für Nebel und schlechtes Wetter hat, zeugt es von Klugheit, ein paar Tage als Reserve einzuplanen.
Diese – und die folgenden Touren – sind natürlich nichts für Anfänger.
Anfangen kann man übrigens auch auf dem Kabinakagami am Highway 11, 22 Meilen westlich von Hearst. Über den Kenogami kommt man zum Albany. Ein weiterer Einsatzpunkt ist die Shekat Bridge, 34 Meilen westlich von Hearst, am Nagami River, der ebenfalls in den Kenogami mündet. Dieser Einsatzpunkt wiederum ist von der Pagwachan-Brücke (70 Meilen westlich von Hearst) erreichbar und verläuft in einem südöstlichen Bogen über die Flüsse Osawin, Foch, Nagami, Shekak.
Und noch eine Anfahrt: sie beginnt am Kayedon Lake, von Nakina mit Buschflugzeug erreichbar, und führt über den Ogoki. Bis Ghost River sind es 283 Meilen und 8 bis 12 Portagen. Der Handelsposten Ghost River ist aufgelassen, nicht dagegen Ogoki Post an der Mündung des Flusses in den Albany.
Auch das ist keine einfache Fahrt! Wildwassererfahrung ist unbedingt erforderlich!
Die Hudson's Bay Company verleiht Kanus auf der Strecke New Osnaburgh nach Albany (500 Meilen).
Doch dann zurück zur James Bay:
Ein anderer ihrer großen Zuflüsse ist der Attawapiskat. Und auch einer der interessantesten. An seinem Mittel- und Unterlauf gibt es abenteuerliche Kalksteinstrukturen, Fossilien und angeblich nur 5 Portagen auf 320 Meilen! Der Einsatzpunkt ist Landsdowne House (mit Charterflugzeug erreichbar). Im Oberlauf des Attawapiskat ist der Stör heimisch, eine delikate Möglichkeit, den Reiseproviant aufzubessern.
Zum Zielpunkt Attawapiskat Village fliegt man (2 × wöchentlich) zweckmäßigerweise nach Moosonee und schickt die Kanus per Frachtboot nach – und per Polar Bear Express zurück in die Zivilisation. Auch hier sollte wegen des unsicheren Wetters eine zu knappe Planung vermieden werden.
Bereits auf dem Spruce River, der vom Manako Lake (Highway

599) erreichbar ist, müßte man anfangen können. Wie es allerdings auf dem Abschnitt zwischen Badesdawa Lake, Otoskwin River und Landsdowne House aussieht, darüber habe ich keine Informationen. Die Strecke dürfte etwa 200 Meilen lang sein.
Noch pittoresker als der Attawapiskat sollen die Kalksteinformationen des Winisk River sein. Es wird empfohlen, einen indianischen Guide (die Indianer stellen auch die Boote) ab Winisk Lake zu engagieren. Gesamtstrecke ca. 250 Meilen.
Den südlich davon fließenden Ekwan River sollte man, wenn überhaupt, nur ab Attawapiskat Village stromauf machen.
Über den letzten der James-Bay-Ströme, den Severn, ist ebenfalls wenig bekannt. Eine Beschreibung spricht von einer trostlosen, insektenverseuchten Sumpflandschaft, eine andere wiederum von einer großen 600-Meilen-Reise! Näheres weiß ich lediglich von dem von Osten her einmündenden Fawn River, der vom Angling River aus befahrbar ist. Bis Fort Severn sind es 250 Meilen mit 6 Portagen.
Nordwestlich des Quetico-Parkes sind die Gegebenheiten weniger harsch. Die Einsatzpunkte sind leichter erreichbar, die Landschaft ist nach wie vor bemerkenswert, der Schwierigkeitsgrad der Gewässer ist ziviler.
Ein heißer Tip ist in diesem Gebiet der »Lac des Mille Lacs« – der »See der tausend Seen«. Schon der Name läßt einiges erwarten; er gilt unter Experten als einer der schönsten Seen Ontarios. Und die von ihm wegführende Flußstrecke über Pickerel River – Pickerel Lake – Sturgeon Lake – Maligne zum Lac la Croix (ca. 150 Meilen) wird ebenfalls hochgelobt! Dagegen sollte man sich den Rainy River schenken, obwohl er keine Portagen aufweist. Zwei Papiermühlen verderben einem den Spaß ziemlich gründlich.
Der riesengroße Lake of the Woods ist mit seinen Tausenden von Inseln ein ebenfalls sehr schönes, aber doch stark frequentiertes Erholungsgebiet. In Kenora kann man jede Art von Boot mieten – und das Ganze als sehr hübschen Motorboot- oder besser noch Segelurlaub gestalten.
Ontario hat so viele Kanu-Outfitter, daß das allein schon ein halbes Buch füllen würde; ebenso ist es mit den Hausbooten. Das Ministerium in der Bay Street in Toronto schickt die Anschriften.
Alle diese Flußtouren sind detailliert beschrieben in dem Buch »Canoe Routes of Ontario«, Ministry of Natural Resources of Ontario – in cooperation with McClelland and Stewart, Toronto.

Kanada-Gans an der James Bay/Ontario

Außenbordkameraden in Ontario

Was für British-Columbia der King Salmon, für Alberta das Goldauge, für Saskatchewan die Äsche, für Manitoba der Hecht, das ist für Ontario der Muskie – ein Cousin des letzteren.

Trotzdem: Wunderdinge sollte man da nicht erwarten. Der größte, der bis jetzt sportlich gefangen und bezeugt gewogen wurde, brachte 69 Pfund; ein anderes Exemplar von 47 Pfund wurde 1973 im St. Lorenz vom Wasser aufs Land gebracht. Doch nach meinem Dafürhalten ist ein zwanzigpfündiger Fisch eine äußerst respektable Sache, und wenn er dazu noch einen Kampf inszeniert, wie es der Muskie meistens tut, dann ist das für den ehrlichen Sportangler das Erlebnis des Jahres, wenn nicht des Lebens!

Der Eagle Lake bei Kenora hat eine gewisse Reputation für Muskies, ebenso die Georgian Bay und natürlich noch eine weitere Anzahl von Gewässern.

»Normale« Hechte finden sich eigentlich überall, und da auch ihre Färbung sich in etwa der Umgebung anpaßt, ist es für den Nichtfachmann oft schwer zu sagen: ist es nun ein Muskie oder nicht? Wer es ganz genau wissen will: er hat zwölf bis achtzehn Sensorporen am Unterkiefer, der gewöhnliche Hecht dagegen nur zehn, die Grundfärbung ist hell, die Zeichnung dunkel – beim Hecht ist es umgekehrt, und ein Drittes: die untere Hälfte der Backen haben beim Muskie keine Schuppen, während das bei seinem Vetter der Fall ist.

In den Muskie-Gewässern halten sich auch gute Zander auf, da ist immerhin ein Achtzehnpfünder gefangen worden. Ferner sind dort Barsche zu Hause, Karpfen und eine ganze Anzahl von »minderen« Schuppenträgern. Allerdings sollte man den English und den Wabigon River meiden. Diese beiden Gewässer sind auf Jahrzehnte mit Quecksilber verseucht.

In den Flüssen am Huron sind die Regenbogenforellen heimisch geworden und erreichen bereits kapitale Ausmaße von fünfzehn bis zwanzig Pfund! Es scheint, daß den über den St.-Lorenz-Seeweg eingedrungenen Salzwasser-Neunaugen, die den Löwenanteil des Salmonidenbestandes der Großen Seen auf dem Gewissen haben, durch eine Kombination chemischer, biologischer und wasserbautechnischer Maßnahmen das Handwerk gelegt werden konnte.

Binnenlachse der Coho-Spezies sind eingesetzt und scheinen produktiv zu werden, ebenso wie die Regenbogenforellen am Lake Superior.
Schlechter dagegen sieht es mit der Binnenseeforelle aus. Zum Leidwesen der Angler wächst sie nur sehr langsam. Die zugänglichen Seen Ontarios scheinen in dieser Hinsicht ihre besten Zeiten hinter sich zu haben. Das bedeutet aber nicht, daß man am Temagami oder Diamond Lake oder irgendwo im wilden Norden nicht doch den einen oder anderen Dreißigpfünder erwischen könnte!
Weiter oben, wo die Flüsse in die James oder Hudson Bay fließen, ist der Stör zu Hause; da steigt der arktische Saibling auf; da stehen Bachforellen und Weißfisch im Revier. Und nicht zu vergessen der Burbot, eine Wels-Art, die ganz vorzüglich mundet, aber bei den amerikanischen Anglern kaum geschätzt ist.

Ontario hat – wie die übrigen kanadischen Provinzen auch – vor allem im Süden Probleme mit Schwermetallen in den Gewässern. Die Regierungsbroschüre »Guide to Eating Ontario Sportfish« gibt Auskunft!

Adressen:

Ontario Ministry of Industry and Tourism
900 Bay Street
Toronto, Ont./Canada

Vertretung in Deutschland:

Government of Ontario
6 Frankfurt/Main
Bockenheimer Landstr. 51–53

Bücher über Ontario:

Pinkerton, Kathrene, »Einsames Blockhaus« (Goldmann Taschenbücher, München)
Hogrebe, H. J., »Im Paradies der Jäger und Fischer«, »Der Trapper vom Ghost River« (Paul Parey, Hamburg)
»Algonquin Canoe Routes« zu bestellen bei:
Park Superintendent
Algonquin Provincial Park
Ministry of Natural Resources
Whitney, Ont. KOJ 2 MO/Canada

Die Prärie-Provinzen

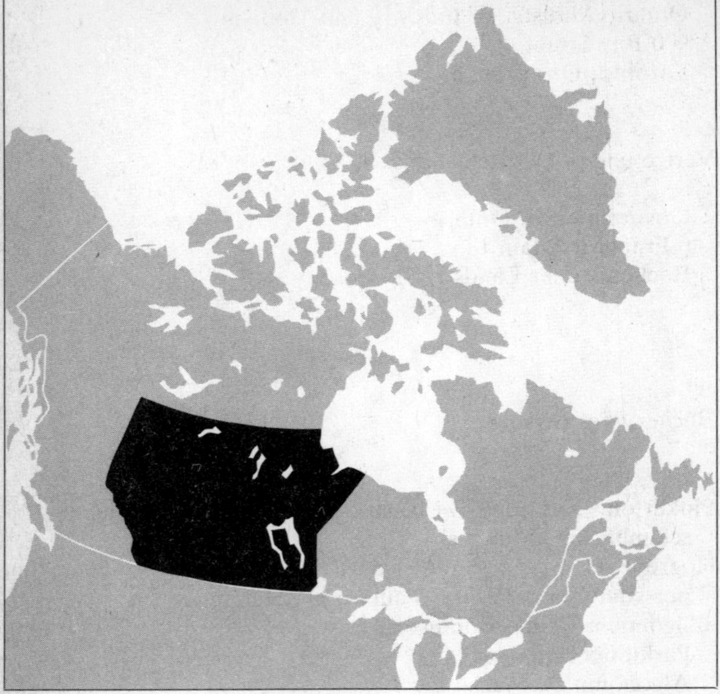

Manitoba	550 000 km² – 1 000 000	Einwohner
Saskatchewan	570 000 km² – 900 000	Einwohner
Alberta	630 000 km² – 2 000 000	Einwohner

2 Einwohner auf 1 km², sechsfache Größe der BRD, 1/18 von deren Einwohnerzahl.

Landwirtschaft (Weizen), Rohstoffgewinnung (Öl, Holz)

Kanusport, Fischen, Jagd, Skisport (Abfahrt und Langlauf)

Obwohl die endlosen Ebenen zwischen dem Kanadischen Schild, der US-Grenze und den Rockies gar nicht so reizlos sind: Eine Ferienlandschaft wird aus ihnen nie werden. Es ist nicht die Alternative, die der Mitteleuropäer in Kanada sucht.
Doch vom Weizengebiet im Süden führen Straßen nordwärts nach Flin-Flon, nach Pelican Narrows, zum Lac la Ronge, nach La Loche, Fort Mac Murray, Peace River und Yellowknife – zu unendlich vielfältigen Fluß- und Seengebieten; zu der Fels-, Wald- und Wassersymphonie des Churchill-Systems, zum Peace River, zum Great Slave Lake und zum mächtigen Mackenzie-Strom.
Dagegen ragen im Westen Albertas die gewaltigen Rockies aus der Ebene – mit den Eldorados für die Schautouristen: den Nationalparks von Jasper, Banff und Waterton.

Flußbeschreibungen

Die Voyageur-Route

Sie führte den Winnipeg River hinunter – es war eine beliebte »Renn«-strecke ohne große Hindernisse – bis zum Lake Winnipeg. Ersterer ist gestaut und hat viel von seinem Reiz eingebüßt, letzterer ist eines der Binnenmeere Kanadas – um die man mit einem kleinen Boot besser einen großen Bogen macht.
Der Lake Winnipeg war schon der Schrecken der Voyageurs! Er ist zweihundertachtzig Meilen lang und bis zu fünfundsechzig Meilen breit. Zahlen vermitteln vielleicht nicht die richtige Größenvorstellung. Doch bedenkt man, daß unser Bodensee an die dreißigmal hineinpassen würde, sieht die Sache schon etwas anders aus. Das Größenverhältnis bezieht sich allerdings nur auf die Fläche – von der Tiefe her hat der Lake Winnipeg wenig zu bieten. Das macht ihn aber noch gefährlicher, da sich sehr rasch eine harte, steile Grundsee entwickelt, nicht nur für den alten Fahrensmann eine grausige Sache. Hinzu kommt, daß die Ufer flach und wenig interessant sind, kaum Unterschlupfmöglichkeiten bieten und daß das Wasser nicht gerade eine zum Bad einladende Färbung hat. Doch nördlich von diesem Gewässer hat Eric Morse, ein bekannter kanadischer Buchautor und kompetenter Kanute, eine

Reihe von Flüssen und Seen befahren – und ist voll des Lobes. Hier einer seiner Tourenvorschläge:
Start in Norway House (regelmäßige Flugverbindung mit Winnipeg) den Nelson hinunter, bis zum Echimamich River – »der Fluß, der nach zwei Seiten fließt«. Dieser Fluß hat kaum Strömung, ist vierzig Meilen lang, daher auch leicht stromauf zu machen. Die Wasserscheide ist ein Biberteich mit je einem leicht zu überhebenden Damm an jeder Seite, von dem es hinunter in den Hayes geht. Die Voyageurs fuhren nicht den Nelson hinunter, dessen Stromschnellen zu gefährlich waren, sondern benutzten statt dessen den Hayes. Diesen Fluß fährt man bis unterhalb der Robinson-Portage (vor dem Oxford Lake).
Eine sehr schöne Seenkette leitet hinüber zum Gods Lake und von diesem die zwei Meilen lange Bayly-Portage zum Wolf River. Dieser Fluß mündet in den Knee Lake. Damit hat man wieder das Hayes-System erreicht. Jetzt geht es aufwärts zum Oxford Lake, von dort über den Carrot River zum Cross Lake und zurück zum Norway House. Ein Rundkurs von immerhin 400 Meilen!
Fährt man weiter den Hayes herunter – was bis zur Mündung durchaus möglich ist –, muß man in die Nelson-Mündung hinein und diesen Fluß ca. 80 Meilen stromauf fahren, ein hartes Brot! Bei Meile 350 muß man den Zug anhalten (CNR), der die Wildnisargonauten wieder in die Zivilisation bringt. Die Siedlung York Factory ist aufgelassen.
Sehr schön soll auch der Grass River sein, fahrbar ab Cranberry-Portage (erreichbar durch Straße und Schiene), über Paint Lake, abbiegend zum Wintering Lake, Thicket-Portage, Landing Lake, Nelson bis Kelsey und von dort den Grass River wieder aufwärts zurück zum Paint Lake. Von da sind es nur zwanzig Meilen bis Thompson, von wo Zugverbindung in den Süden besteht.
(Flußführer der Manitoba-Gewässer sind direkt beim Autor erhältlich!)

Das größte und bedeutendste Flußsystem in diesem Gebiet ist der *Churchill River*.

Er ist eher eine Seenkette mit Schnellen, Fällen und kurzen Fließstrecken dazwischen. Die Möglichkeiten, die sich im Bereich dieses Stromgebietes geradezu aufdrängen, sind schlicht unaus-

schöpfbar. Ob es sich um Rundkurse handelt oder um lange Strekken – ein Menschenleben reicht nicht aus, um den Churchill mit all dem, was an und drumherum liegt, zu befahren!
Startpunkte sind Meythe Lake; Kettle Falls; Ile à la Crosse, Lac la Ronge, Otter Lake – ausbooten kann man in einer ganzen Reihe von Orten oder Punkten, an denen ein Highway an die Seen herankommt oder den Churchill quert.
Zwischen Ile à la Crosse und Pelican Narrows verleiht die Hudson's Bay Company Kanus (340 Meilen).
In Alberta, der westlichsten der Prärieprovinzen, müßte eigentlich jeder Kanuenthusiast sein Eldorado finden, vor allem aber der Wildwasserkutscher auf den aus dem Gebirge herausstürzenden, schnellen und gefährlichen Bergflüssen inmitten einer grandiosen Felslandschaft. Flüsse, die ein gerütteltes Maß an Können und Erfahrung erfordern. Die Verhältnisse sind denen unserer Alpen nicht unähnlich, doch ist alles größer, wilder, einsamer, und möglicherweise notwendige Hilfeleistung ist weit, vielleicht zu weit entfernt.
Die Namen der Flüsse: Oldman, Waterton, Highwood, Elbow, Kanaskis, Ghost, Bow, Red Deer, Panter, Clearwater (der dritte, der diesen Namen trägt); Brazeau, North Saskatchewan, Athabaska, Miette, Maligne, MacLeod, Wildhay, Berland, Jarvis. Oldman (220 Meilen), Bow, Red Deer (325 Meilen), Clearwater, North Saskatchewan (330 Meilen), MacLeod, Athabaska (400 Meilen) büßen allerdings bald ihren jugendlichen Schwung ein und werden zu Wasserstraßen für den nicht – oder nicht mehr so – wilden Kanuten oder für den Anfänger. Nordisches Wildniserleben vermitteln: Smoky (270 Meilen), Little Smoky (136 Meilen), Wabaska (283 Meilen), Peace (510 Meilen), der Unterlauf des Athabaska ab Athabaska (dem Ort mit demselben Namen), der Slave als Weg zum Mackenzie.
Unzählig sind die Kombinationsmöglichkeiten. Die Urlaubszeit ist auch hier für die meisten, leider, viel zu kurz.
Lange, relativ einfache Touren, leicht zugängliche Plätze zum Ein- und Ausbooten, relative Nähe der internationalen Flughäfen von Calgary und Edmonton sind ein nicht zu unterschätzender Faktor – neben der erfreulichen Tatsache, daß die Provinz Alberta Flußführer (in englischer Sprache natürlich) herausgebracht hat, und sprechen dafür, daß in absehbarer Zeit mancher europamüder Paddler sich in dieser kanadischen Provinz umsieht!

(Die Flußführer sind über den Autor dieses Buches erhältlich – unter Angabe der interessierenden Flußsysteme.) Die Hudson's Bay Company verleiht Boote auf den Strecken Peace River, bzw. Fort Murray, Fort Chipewyan.

North Saskatchewan River

332 Meilen – 2 Portagen.
Eine lange, fast hindernisfreie und relativ einfache Fahrt, mit anfänglich grandioser Landschaft im Banff National Park (60 Meilen), rasches Wasser ohne große Schwierigkeiten. Die 80 Meilen durch die sogenannten Foothills sind ebenfalls recht hübsch, und die restlichen 200 Meilen bis Edmonton bieten zwar nicht echte Wildnis, doch im Vergleich zu Europa eine immer noch kaum eingeschränkte Freiheit.
Start ist am Alexandra River. An ihm führt eine »Fire road« vorbei, zu ihrer Benutzung braucht man eine Genehmigung der Parkverwaltung. Der Zusammenfluß von Alexandra und North Saskatchewan ist durch den Banff Jasper Highway erreichbar, also könnte man auch hier anfangen.
Das Zelten ist im Nationalpark auf die offiziellen Plätze beschränkt; der einzige Platz am Fluß ist 4 Meilen unterhalb der Einmündung des Alexandra. Nach dem Einfluß des Aretomys Creek kommt eine Reihe von leichten Schnellen, aber dann folgt das einzige natürliche Hindernis, ein kleiner Canyon, etwa 1 Meile lang, mit bis zu 2,5 m hohen Wellen. Also 70 m vorher ausbooten (links), über den Portage-Trail gehen (1/2 Meile), dann für 200 m einbooten und wieder links ausbooten für die restliche Viertelmeile. 13 Meilen unterhalb von Saskatchewan Crossing gibt es einige Tellerwirbel auf einer 30 m breiten Engstelle. Nach 20 Meilen über ein aufgestautes Gewässer kommt man zum Bighorn-Damm. Rechts führt ein Weg zum Unterwasser.
Bis Rocky Mountain House schäumen zwar noch einige Schnellen mit teilweise meterhohen Wellen, an denen man sich aber vorbeidrücken oder treideln kann. – Ab Rocky Mountain House gibt es keine Schwierigkeiten, und in Devon River kurz vor Edmonton steht ein Schild, daß die Fische nicht mehr wegen des zu hohen Quecksilbergehaltes genießbar sind! Damit man es auch merkt, daß einen die Zivilisation wieder eingefangen hat...

Clearwater River

Einbooten: Lloyd Lake, per Buschflugzeug von La Loche, Saskatchewan, oder Fort McMurray, Alberta (100 Meilen)
Ausbooten: Fort McMurray
Länge: 185 Meilen
Portagen: 8 bis 14
Zeit: 7 bis 11 Tage
Fische: Äsche, Hecht, Zander
Wild: Elch, Schwarzbär, Biber, Kanada-Gänse etc.
Karten: 1:250000, 74 F Lloyd Lake, 74 C La Loche, 74 D Waterways
S'-Grad: mittelschwer
Kurzbeschreibung: Nach dem Abfluß aus der Gibson Bay fließt der Clearwater die ersten drei Meilen hindernisfrei, dann allerdings muß man 250 m weit links umtragen. Schnelle Nr. 2 folgt im Abstand von 2¼ Meilen. Sie ist eventuell fahrbar, sonst links umtragen. Ein Trail scheint nicht vorhanden zu sein.
Danach beruhigt der Fluß sein Temperament und mäandert unbeeilt 23 Meilen durch eine absolute Wildnis. Die ersten 3 Schnellen danach sind nach Ansehen fahrbar, doch dann heißt es ohne Zögern ausbooten. Der Portage-Trail ist 1 km lang und beginnt rechts in einer engen Bucht.
Bis zur Mündung des klaren, kalten Virgin River stehen nur die Freuden einer Flußfahrt an. Hier sollte man einen kleinen Abstecher in diesen Fluß hinein machen. Zirka eine Meile weit, denn am Fuße der ersten Schnellen ist ein sehr gutes Äschengewässer.
Wieder auf dem Clearwater – kommen kurze Schnellen auf den Wildnis-Reisenden zu, die fahrbar sind, doch dann folgt ein Anderthalb-Meter-Wasserfall. Der Trail beginnt rechts, direkt über dem Fall, und ist etwas über 100 m lang. Anderthalb Meilen danach rauscht eine weitere Schnelle, die Portage ist rechts (150 m). Kurz dahinter folgt eine kleine Klamm. 20 m vor der Engstelle beginnt rechts die Portage (120 m). Nach zwei Meilen kann eine Schnelle rechts gefahren oder 100 m weit links umtragen werden.
8 Meilen oberhalb der Olson Rapids ist eine dreistufige Schnelle. Die erste ist in der Mitte fahrbar, die zweite im linken Arm, die dritte muß eventuell wegen des seichten Wassers getreidelt werden. Die Olson Rapids selbst (6 Stufen) sind fahrbar.
Schwieriger dagegen sind die Mackie Rapids. Der erste Abschnitt

ist flach, der zweite ist nur unter Umständen fahrbar (der rechte Arm). Trails sind keine vorhanden.
Die Warner Rapids dagegen sind wieder fahrbar, und die drei folgenden Stufen danach sind links von der Insel nach Ansehen zu bewältigen.
Die Gould Rapids unterhalb der Mündung des Descharmes River sind das Schwierigste, was der Clearwater aufzuweisen hat. Sie müssen gefahren werden, da ein Treideln unmöglich und ein Trail nicht vorhanden ist. Es wird folgendes empfohlen: den rechten Arm an der ersten großen Insel vorbei nehmen und dann die beiden kleinen Stufen herunter in den Hauptarm wieder einfahren. Die eigentliche Schnelle fährt man am besten links am Ufer bis zu einer kleinen Bucht. Von dort aus kann man die letzte Stufe inspizieren – und »über den weiteren Verlauf der Dinge entscheiden«.
Das erste »R« unterhalb der Gould Rapids auf der Karte 74 C müßte ein »F« – also ein Fall – sein. Es soll eine Portage auf der rechten Seite existieren, die auch die Schnelle unterhalb des eigentlichen Falls umgeht.
Anderthalb Meilen danach teilt wiederum eine Insel den Fluß. Hier scheint der rechte Arm die beste Möglichkeit zu beinhalten, doch wird eine sorgfältige Prüfung der Angelegenheit von der Insel aus empfohlen. Es ist kein Trail vorhanden.
Nach drei Meilen kündigt sich mal wieder ein Fall an. Die Portage ist 80 m oberhalb und etwa 300 m lang. Eine Viertelmeile unterhalb ist eine kleine Stufe, die rechts fahrbar ist. Die Simonson Rapids sind eine ziemlich schwierige Aufgabe von einer Meile Länge mit Stufen und Steingärten. Mindestens eine der Stufen muß umtragen oder getreidelt werden.
Die Schnellen unterhalb der Mündung des McLean River können rechts über einen sehr guten Trail (1 km) umgangen werden. Danach stößt die Methy Portage auf den Clearwater. Diese von Peter Pond entdeckte Portage war eine der längsten in Kanada und kommt vom Lac la Loche herüber. Sie ist auf der linken Seite direkt gegenüber von dem rechts zu sehenden Feuerturm auszumachen. Wer also auf den Pfaden der alten Voyageurs wandeln will, der steige mal ein Stück bergauf!
Die Whitemud Falls (bereits in Alberta) sind am besten über einen kleinen Kanal, der hinter einer steilufrigen Insel beginnt, zu umge-

Portage

hen. Man muß sich rechts halten, auch im Kanal, von wo eine Portage von 400 m Länge ihren Anfang nimmt.
Die Pine Rapids in einem engen Kalkstein-Canyon sind zwar fahrbar, aber es führt auch eine gute Portage von einem Kilometer Länge auf der linken Seite vorbei.
Bigrock und Long Rapids sind nach den entsprechenden Vorsichtsmaßnahmen fahrbar, ebenso die letzten Schnellen von Fort McMurray – die Cascade Rapids. Letztere sind schwierig.
Entweder fährt man die schwerste Stufe rechts von der Mitte an der einzig möglichen Stelle, oder man bleibt ganz links und überhebt – oder benützt die Portage auf der rechten Seite (800 m). Danach steht einer genußvollen Reise auf dem Clearwater nichts mehr im Wege.
Was bei all diesen technischen Angaben zu kurz kam, ist eigentlich das Wichtigste: der Clearwater ist für den, der die entsprechende Bootserfahrung hat, einer der interessantesten Flüsse Kanadas! Ein phantastisches Wildniserlebnis, kombiniert mit einer Flußlandschaft, wie sie Europa kaum noch zu bieten hat. Und wer will, kann noch 200 Meilen auf dem Athabaska bis Fort Chipewyan anhängen (keine Schwierigkeiten). Man sollte am Embarras River abzweigen (was die alten Voyageurs auch taten) und über diesen Fluß fahren, um das Risiko der nicht vorhersehbaren Wetterverhältnisse am Athabaska Lake einzudämmen.
Von Fort Chipewyan kann man weiter über den Slave River (hier gibt es eine Reihe von Schnellen) zum Great Slave Lake, und über den Mackenzie Highway in den Süden zurückfahren!

Petri Heil in der Prärie?

Nicht unbedingt, doch nördlich der großen Weizenfelder hat mancher schon den Fang seines Lebens gemacht!

Manitoba ist eindeutig Kanadas beste Hechtprovinz! Im Lake Winnipeg sollen Burschen herumschwimmen, von denen Augenzeugen berichten, sie verspeisten ausgewachsene Pelikane!
Dazu kommen im Süden: Zander, Goldauge, Barsch, Regenbogenforelle, während der Norden Äschenwasser ist. In den größe-

ren Seen räubert die Binnenseeforelle (der Gods Lake ist dafür berühmt). Aus ihm stammen jedes Jahr ein paar halbzentnerschwere Exemplare, um hinterher, in Kampfposition montiert, die gute Stube zu zieren.

Auch in *Saskatchewan* ist vor allen Dingen der Norden attraktiv – selbst für Rekordbrecher! Immerhin ist im Athabaska Lake eine 102-Pfd.-Forelle in ein Fischernetz gegangen! Vierzigpfündige Hechte sind zwar nicht gerade an der Tagesordnung, aber auch nicht unbedingt das Ereignis des Jahres! Und für den, dem vom schweren Geschirr die Arme lahm geworden sind, der sollte mit der Fliege auf Äschen gehen. Der Norden Saskatchewans und hier insbesondere Lac la Ronge, Nemeiben und Wapawekka Lake sind in ganz Kanada für die genannten drei Spezies berühmt – ebenso wie das gesamte Churchill-System. Und als Zusatz gibt's überall Weißfisch und Zander!
Im Süden, in den Weizengebieten, ist das Fischen freilich zweitklassig, doch im Cypress Hill Provincial Park sollen recht gute Bachforellen sein. Daneben gibt's natürlich Barsche und den »Sauger«, eine Art kleiner Zander.

Alberta ist wahrscheinlich nicht der richtige Platz für den Angler aus Europa, der nur und zu sonst nichts als zum Fischen nach Kanada reist; es sei denn, er ist hinter irgendeiner ganz bestimmten Trophäe her oder für ihn ist Angeln die schönste Nebenbeschäftigung der Welt.
In der südlichen Hälfte der Provinz gibt's in den meisten Gewässern Regenbogenforellen, Goldaugen (geräuchert eine Delikatesse!), dazu kommen Hecht, Zander, Barsch und Weißfisch.
In den Rockies, da gewinnt das Bild mehr Farbe durch die Cutthroat-Forelle (Bow, Elbow, Sheep, Highwood, Livingston, Castle, Crowsnest und Ramriver). In allen Oberläufen stehen Dolly-Varden-Forellen. Zusätzlich sind in den letzten Jahren Bachforellen eingesetzt worden.
Der Norden ist Äschengebiet. Vor allem im Einzugsgebiet von Athabaska und Peace! In Cold, Crist, Namur, Margaret, Wentzel, Peerless, Swan und Rock Lake teilen sich zum Teil gute (und das bedeutet Zwanzigpfünder) Binnenseeforellen und starke Hechte das Revier.
Daneben ist der Weißfisch, eine ebenfalls zu den Salmoniden zäh-

lende Untergruppe, eine Spezies, die im Schnitt drei bis fünf Pfund auf die Waage bringt, allerdings auch ein Fisch, der an starken Frustrationen unter Anglern schuld ist. Das beste Mittel dagegen: Trockenfliegen mit kleinen Haken.

Bücher über die Prärie-Provinzen

Frederickson/East, »Das Schweigen des Nordens«, Albert Müller, Rüschlikon/Zürich, (behandelt neben Alberta auch B. C.)

Mehrhardt-Ihlow, »Kanadisches Scherzo«, Paul Parey, Hamburg

Olson, Sigurd, »The Lonely Land«, McClelland and Stewart, Toronto

Adressen:

Manitoba Government Travel
408–401 York Avenue
Winnipeg, Man./Canada
R3C OP8

Saskatchewan Tourist Development Branch
SPC Building
Regina, Sask./Canada
S4P 2Y9

Travel Alberta
10255 – 104 Street
Edmonton, Alta./Canada
T5J 1B1

Kanadas »Traumland« – British-Columbia

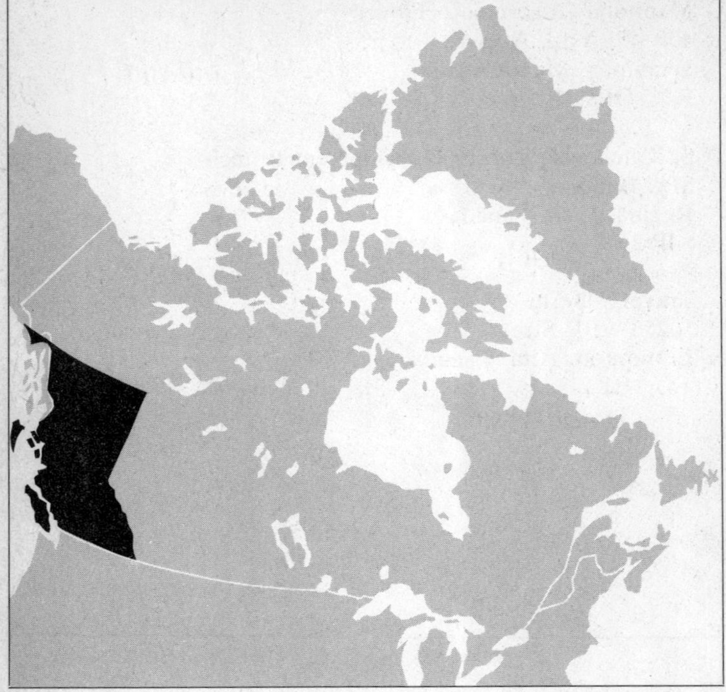

900 000 km^2 – 2,5 Mill. Einwohner

2 Einwohner pro 1 km^2, vierfache Größe der BRD, 1/30 von deren Einwohnerzahl

Holzindustrie, Bergbau, Fischfang

Fischen, Kanusport, Jagd, Bergwandern, Segeln, Skisport

Lachs ist noch lange nicht Lachs

In erster Linie begründen die Lachsgründe von British-Columbia das Renommee dieser kanadischen Provinz bei den Anglern fast aller Nationen. Eingangs etwas Grundsätzliches zu der Sippe der pazifischen Lachse (die Oncorhynchi):

Der *Pink*-Salmon, auch Humpback, steigt im Herbst in die Flüsse auf. Er wird bis zu 60 cm lang und wiegt in der Regel um die vier Pfund. Weiter als vierzig Meilen geht er selten in die Flüsse hinauf. Sein Fleisch ist blaßrosa. Er interessiert sich vor den Flußmündungen für einen geschleppten Köder.

Der *Chum*-Salmon, der ebenfalls im Herbst aufsteigt, war einmal das wichtigste Hundefutter der Indianer, deshalb heißt er auch *Dog* Salmon. Er wird um die zehn Pfund schwer, ist in der Regel 60 cm lang und wird in erster Linie von Berufsfischern gefangen. Der *Coho*-Salmon dagegen schwimmt weiter die Flüsse aufwärts, wiegt zwischen acht und zwölf Pfund und ist ein hochgeschätzter Angelfisch. Der Coho nimmt die Fliege, schätzt aber auch einen lebenden oder toten Hering. Sein Fleisch ist rosa.

Kokanee- und *Sockeye*-Salmon unterscheiden sich darin, daß erster sein ganzes Leben als Binnenlachs im Süßwasser verbringt (er wiegt in der Regel zwei Pfund), während der Sockeye im salzigen Pazifik herumräubert und lediglich zum Laichen in die Flüsse aufsteigt. Er hat rotes Fleisch und wird ca. 60 cm lang.

Die Traumtrophäe dagegen ist der *Chinook*- (auch: King, Tyee, Spring, Quinnat) Salmon. Dieser Fisch bringt fünfzig bis neunzig Pfund auf die Waage. Er wird in erster Linie mit der Schleppangel zwischen Viktoria und Vancouver, Nanaimo, Cowichan Bay und nicht zu vergessen am Campbell River gefangen. Ihm zu Ehren wird Mitte August ein Festival (Tyee Club, Campbell River) veranstaltet, wo auf den Sieger eine Prämie von fünfundzwanzigtausend Dollar wartet. Der Rekord steht zur Zeit in der Nähe der Hundert-Pfund-Marke!

Ähnlicher Wertschätzung erfreut sich während des kanadischen

Herbstes und Winters die *Steelhead*-Forelle. Es ist eine Regenbogen-Spezies, die es – ähnlich wie Vetter Lachs – vorzieht, den größten Teil ihres Daseins im Salzwasser herumzuräubern. Ihre Süßwasserversion heißt Kamloops Trout – oder anderswo schlicht Rainbow Trout.

Dahinter rangiert die Cutthroat-Forelle, die auch unter Yellowstone Trout firmiert (im südöstlichen B. C.) und endlich die Dolly Varden, die sich mit dem letzten Rang unter den Salmoniden des westlichen Kanada abfinden muß. Nicht heimisch, aber erfolgreich eingesetzt wurde die Bachforelle.

Hinzu kommen Äsche, Hecht, Binnenseeforelle, im Nordosten der Provinz, der Weißfisch, Barsch, Stör und die ganze Skala der Salzwasserbewohner vor der Küste.

Reitende Gebirgsmarine

Von Anfang an sei dem geneigten Leser kundgetan, daß es sich nicht um eine Waffengattung der Königlich-Kanadischen Armee handelt – sondern um Trail-Reiten, Bergwandern und Kanufahren; eine Kombination der drei erlebnisintensivsten Urlaubstätigkeiten überhaupt.
Vielleicht ist es nicht das Schlechteste, wenn sich der Kanada-Novize dabei unter die Fittiche eines Outfitters – eines Führers also – begibt. Einer von ihnen ist Roland Kiemle, der aus Ludwigsburg stammt und den es schon früh aus dem heimischen Nest lockte. Mit achtzehn ging er nach Kanada, lebte in Gold- und Uranium-Minen und Camps im Norden Saskatchewans, befuhr schließlich als Matrose auf einem Kümo die Pazifikküste bis hinauf zum Yukon. Während eines Maschinenbaustudiums pendelte er zwischen Vancouver und den Northwest Territories hin und her und gründete schließlich in Deutschland, wo er heute wieder lebt, die »Northwest Voyageurs« – eine Reiseorganisation, mittels der er Hilfestellung bei der ersten Erfahrung der Wildnis gibt.
Eines seiner fest organisierten Programme geht per Flugzeug nach Calgary in der Provinz Alberta, dann per Bus oder Camper in die Nationalparks von Banff, Yoho und Jasper in die eindrucksvollsten, zugänglichen Gebirgslandschaften Nordamerikas mit Büffeln, Elchen, Wapitis, Bären in freier Wildbahn. Per Auto geht es dann weiter durch das Tal des Fraser River zum Bowron-Park, der im wesentlichen aus einem Seenparallelogramm von insgesamt 150 km Länge besteht. In dieser ebenfalls überwältigenden Szenerie ist das Kanu das einzige Verkehrsmittel. Acht bis zwölf Tage dauert die Fahrt über die glasklaren Seen.
Andererseits verläßt Roland Kiemle gerne diese ausgetretenen Pfade und führt seine Schutzbefohlenen zum »Backpacking« in die grandiose Bergwelt British-Columbias.
Neben dem Kanufahren ist das eine weitere, erlebnisträchtige Sportart, die mehr und mehr populär wird. Rund dreitausend Kilometer Trail stehen in B. C. bereits zur Verfügung und warten darauf, daß man sie mit geschultertem Rucksack oder Packboard angeht. Über Schwierigkeitsgrade und Strapazen liegen Informationen vor, man kann also wählen.
Der größte Teil der Trails liegt in den bereits erwähnten National-

parks – also reichen sie zum Teil auch in die Provinz Alberta hinein. Daß es sich dabei um landschaftliche Delikatessen handelt, braucht wohl nicht besonders betont zu werden.
Da wechselt dichter Urwald über in den Bereich der Gletscher, dazwischen eingestreut sind grünschimmernde Seen, tosende Wasserfälle, nackter Fels und freundliche Matten, abenteuerlich gewundenes Krüppelgehölz und nicht zuletzt die Bergziegen, die Adler – und auch die Grizzlybären. Doch davon später.
Wer alleine losziehen möchte, braucht zuerst einmal großmaßstäbliche Karten – am besten 1:50000 (zu beziehen durch die bekannte Stelle in Ottawa, Adresse im Anhang). Wer über Nacht auf eigene Faust wegbleiben will, muß sich – zu seiner eigenen Sicherheit – beim Park Warden registrieren lassen, und zur Sicherheit des Waldes ein kostenloses »fire permit« erbitten. Diese Prozedur ist vereinfacht, indem man sich in Listen, geschützt in großen Holzkisten, am Startpunkt der Trails einträgt und den Zeitpunkt der ungefähren Rückkehr angibt. Wichtig – und bitte nicht zu vergessen! – ist auch, daß man sich nach erfolgreichem Abschluß der Gebirgstour wieder aus diesen Listen austrägt oder zurückmeldet. Es wäre eine Rücksichtslosigkeit sondergleichen, eine kostspielige Rettungsaktion anlaufen zu lassen, nur weil einer vergessen hat, sich aus der Liste zu streichen!
Neben den »normalen« Unwägbarkeiten einer Hochgebirgswanderung (daß man entsprechend ausgerüstet ist, versteht sich wohl von selbst) kommt als möglicher Gefahrenpunkt, noch verstärkt im Bereich der Nationalparks, die Anwesenheit von Bären hinzu. Im Bereich der Waldgrenze und darüber – die der Grizzlys. Es ist natürlich nicht so, daß an jeder Ecke ein solcher Wegelagerer im graubraunen Zottelkleid steht und nichts anderes im Sinn hat, als dem ahnungslosen Besucher aus Europa eins über den Kopf zu hauen. Im Gegenteil – Grizzlys sind sehr scheu. Sie mögen die menschliche Witterung gar nicht und empfehlen sich in neunundneunzig von hundert Fällen, bevor der merkwürdige Zweibeiner sie zu Gesicht bekommt. Doch auch so ein Grizzly döst mal unachtsam vor sich hin, wenn er im Luv sitzt; oder er wird nervös, wenn er sich in einer Sackgasse glaubt, deren Eingang ihm der Mensch verstellt.
Was ist zu tun? Man warnt den Bären rechtzeitig! Eine Triller-

»Reitende Gebirgsmarine« an einem der drei Millionen Seen Kanadas

pfeife stört zwar den Frieden der Bergwelt enorm, ist aber ein wichtiges Signalmittel und, wie gesagt, räumt den Weg bei unübersichtlichen Geländeverhältnissen. Oldtimer hängen sich klappernde Kochutensilien um oder tun ein paar Kieselsteine in eine Konservendose, die ebenfalls intensiv scheppern.
Übrigens kann man sich vor einem Grizzly auf einen Baum retten; Grizzlys können im Gegensatz zu Schwarzbären nicht auf die Bäume steigen!
Doch nun zu den kleineren und dunkleren Vertretern der Familie Ursus. Ihnen begegnet man zuerst; sie leben meist weiter unter der Baumgrenze, halten sich in der Nähe der Highways auf und beschäftigen sich mit der Müllabfuhr auf den Campingplätzen. Sie klettern wie die Katzen und werden von den »Northerners« eher als lästig denn gefährlich empfunden. Trotzdem: so ein »drolliges« Schwarzbärlein bringt es auch auf ein Lebendgewicht von fünfhundert Pfund – und ist schon eine respektierliche Erscheinung, der man eine entsprechende Behandlung angedeihen lassen sollte!
Wenn also ein Frühaufsteher merkt, daß sich so ein schwarzer Zottelkerl mit seinem gestohlenen Rucksack in die Büsche schlägt, sollte er nicht versuchen, ihm die Beute abzujagen. Das könnte zu unfreundlichen Reaktionen des Diebes führen. Viel richtiger ist es – gerade in den Nationalparks, wo die Tiere sehr viel von dem angeborenen Respekt vor dem Menschen verloren haben, alles irgendwie Eßbare oder nach Essen Riechende etwa zweieinhalb Meter über dem Erdboden aufzuhängen. Doch bitte nicht direkt an einen Baum, sondern anderthalb Meter vom Stamm entfernt. Am besten an einer Leine, die zwischen zwei Bäumen gespannt ist.
Bitte, auch keine Verpflegung mit ins Zelt nehmen! Das könnte einen Blacky alle Vorsicht vergessen lassen. Respektieren und nicht provozieren, ist die Devise. Dann kann man erwarten, daß Meister Petz sich ebenso rücksichtsvoll verhält.
Im Prinzip ist die Gefahr, von einem Bären in einem Nationalpark angegriffen zu werden, geringer als die, ein Auto durch den mitteleuropäischen Verkehr zu steuern!
Und in der freien Wildbahn, außerhalb der Nationalparks – da sind diese Tiere wesentlich scheuer. Wir – meine Frau und ich – haben, alles zusammengenommen, ein paar Jahre im kanadischen Busch gehaust, und das in Grizzly- und Schwarzbärengebieten. Und, mal abgesehen von ein paar Monaten im Jahr in Deutsch-

land, tun wir das heute auch noch. Wir haben nie erlebt, daß sich ein Bär in einer unfreundlichen Absicht genähert hätte, wenn wir selbst in Hütte oder Zelt waren!
Reine Klettertouren in der kanadischen Bergwelt sind natürlich ein Spezialgebiet für sich – denen vorbehalten, die sich ohnehin auskennen. Nur sollten auch sie bedenken – was eigentlich auf jeden zutrifft, der sich in die Wildnis begibt: die Möglichkeiten der Hilfeleistung sind viel geringer als bei uns! Und auch die Alpinisten sollten die Grundregel der Oldtimer beherzigen: »Never take a chance!« Was soviel heißt wie »laß es nie drauf ankommen!« Nur wer das beherzigt, hat die Chance, ein Oldtimer zu werden...
Ein wesentlich geringeres Risiko beinhaltet das Trail-Reiten, bei dem eine Gruppe von Zweibeinern auf einer Anzahl Vierbeiner sitzt und sich von diesen durch die Wildnis transportieren läßt. Die kanadischen Pferde, die beim »horsetrecking« in den Job genommen werden, sind lammfromme Wesen, die kaum vom Touristen erwarten, daß er ein geschulter Reiter ist.

Backpacking – mit dem Rucksack unterwegs in den Rockies

Dreitausend Kilometer gekennzeichnete Wanderwege gibt es allein in den Nationalparks der Provinzen Alberta und British-Columbia. Nadelwälder, türkisfarbene Gletscherseen, Matten, Firn, Schnee und Eis auf den Gipfeln; eine felsige, absolute Bergwildnis.
»Backpacking« ist der Versuch, sich mit einem Minimum von Hilfsmitteln in einer überwältigenden Natur zu behaupten; ein Versuch, der eigentlich jedem Menschen mit normal guter Kondition gelingen müßte, soweit er die Bereitschaft mitbringt, sich selbst zu fordern und das Erlebnis vor den Komfort zu stellen.

Der Veranstalter Roland Kiemle (Northwest Voyageurs) leistet die entsprechende Hilfestellung, stellt die Gruppen zusammen, liefert die Hilfsmittel, macht Führungen.
Wer sich in der Lage fühlt, etwa zehn Kilo fünf Stunden lang pro Tag zu tragen, kann mitmachen.
Dauer: 20 Tage kombinierte Trekking- und Kanutour im Hochland von B.C., Preis ca.: DM 945,– (ab/bis Vancouver)
Das Wanderbuch »Trail Guide« gibt's bei den Northwest Voyageurs – Keplerstr. 13, 6907 – Nußloch.
Roland Kiemle und Inter-Air, Ffm., haben auch die Vertretung für den Kanuverleih in Whitehorse übernommen.

Ein paar Preisbeispiele:

22-ft.-Frachtkanu mit Motor (bis 6 Pers.)	DM	1450,00
24-ft.-Flußboot mit Motor (8–9 Pers.)	DM	1640,00
19-ft.-Motorkanu (2–3 Pers)	DM	1050,00
18-ft.-Kanu (zum Paddeln, 2 Pers.)	DM	536,00

Mietdauer: 14 Tage, Abgabe in Dawson, Eagle oder Carmacks; Rücktransport der Boote ist kostenlos. Ferner kann der Transport zu jedem beliebigen Einsatzort organisiert werden. Transport der Teilnehmer und Boote zum Einsatzpunkt $ 1,75 pro Straßenkilometer.

Und was ist mit B.C.s Flüssen?

Der *Blackwater River* ist ein Nebenfluß des Fraser. Er strömt durch eine phantastische, fast alpin zu nennende Szenerie. Dieser 130 Meilen lange Wildfluß ist am besten im Kajak zu befahren. Einbooten am Eliguk Lake (mittels Wasserflugzeug ab Quesnel erreichbar). Wer mit einem 50-Meilen-Abschnitt zufrieden ist, kann bis zum Eucheniko Lake per Straße reisen und dort beginnen. Ein dritter Einsatzpunkt ist der Tsacha Lake.

Der »Indio« von Metzeler.

Caribou und Quesnel River

Einbooten: Bowron Lake Tour
Ausbooten: Quesnel
Länge: 108 Meilen (+ Bowron Lakes)
Portagen: 6 bis 13
Zeit: 5 bis 9 Tage, Juni bis Oktober
Fische: Forellen
Wild: Elch, Biber, Grizzly- und Schwarzbär, Hirsch
Karten: 1250000 93 H (McBride); 93 A (Quesnel Lake); 93 B (Quesnel); 93 G (Prince George)
S.-Grad: mittelschwer

Diese Flüsse strömen durch das Gebiet der Carrier-Indianer. Die ersten Weißen, die mit diesen Rothäuten in Kontakt kamen, staunten nicht schlecht über eine makabre Sitte: wenn einer dieser Herrn vor seiner Gattin die Ewigen Jagdgründe aufsuchte, mußte die arme hinterbliebene Squaw ein Jahr lang seine Knochen nach erfolgter Kremation auf dem Rücken mit sich herumschleppen. Deshalb der Name: Trage-Indianer!

Caribou und Quesnel sind von der Landschaft her ebenfalls eine großartige Sache! Die Anreise ist schon ein imponierender Auftakt: sie erfolgt über die Bowron Lakes, die an anderer Stelle besprochen sind. Der Ausfluß ist an der Nordwestecke dieses verschobenen Vierecks. Nach 5 Meilen Fahrt hat man die Caribou Falls erreicht. Die Portage ist 700 m lang und beginnt 20 m oberhalb der Fälle nach einer leichten Schnelle.

5 Meilen nach dem Fall rauscht eine mittelschwere Stromschnelle (evtl. links fahrbar). Es folgt ein anderthalb Meilen langer Canyon, der am besten über einen alten Holzabfuhrweg rechts zu umgehen ist. Diese Portage ist 3,5 Meilen lang! Dafür sind die folgenden 24 Meilen leicht (die neun letzten führen über den Kimball Lake).

3,5 Meilen nach dem Abfluß aus dem See hat man sich mit drei mittelschweren Schnellen herumzuschlagen, denen ein Wasserfall folgt. Die Tragestrecke ist 100 m – es scheint kein Trail vorhanden zu sein.

Von dem Fall bis zum Eingang eines weiteren Canyons sind die Wasser- und Strömungsverhältnisse recht schwierig; der Canyon selbst muß umtragen werden. Auch hier ist kein Trail vorhanden. Der Caribou zeigt auch weiterhin seine Zähne. Bis zur Brücke

nach Likely sind noch mal 4 Stufen (alle fahrbar). Vor allen Dingen bei den Kehrwassern muß man höllisch aufpassen! Denn diese sind durch Leitbäume, »log booms«, abgesperrt. Diese Kehren sind – auch wegen der hohen Wellen – am besten innen zu fahren.
In Quesnel Forks mündet der Caribou in den klaren Quesnel. Die Fahrt ist weiterhin sehr flott, die Kehren sind eng und die Leitbäume zahlreich.
Die Stufe an der Beaver-River-Mündung ist links fahrbar. Fünf Meilen danach ist eine S-Kurve am rechten Ufer 100 m weit zu umtragen.
Bis 5 Meilen unterhalb der Brücke von Sardine Flats sind keine größeren Probleme zu bewältigen, doch die Little Canon Rapid ist wegen ihres großen Wirbels (am besten zwischen den hohen Wellen und dem Wirbel fahren) recht tückisch. Die sich anschließende Schnelle fährt man zweckmäßigerweise links.
Das letzte Problem auf dem Quesnel ist der Big Canyon. Die Portage ist rechts von einem riesigen 12-m-Strudel. Die Portage, über einen Weg, ist ebenfalls 3,5 Meilen lang!

Bowron River

Einbooten: ebenfalls über die Bowron-Seen
Ausbooten: Hansars Bridge (2,5 Meilen vor der Mündung in den Fraser) oder Upper Fraser (5,5 Meilen unterhalb der Mündung)
Länge: 106 bzw. 114 Meilen
Portagen: 2 bis 6
Zeit: 3 bis 6 Tage – Juni bis Oktober
Fische: Forellen, Lachse
Wild: Elch, Bär, Hirsch, Adler, Kanada-Gänse
Karten: 93 H (McBride); 93 G (Prince George); 93 J (McLeod Lake); 93 I (Monkman Pass)
S.-Grad: schwer
Kurzbeschreibung: Auf den ersten 10 Meilen sperren 6 Treibholzbarrieren (»log jams«) den Fluß. Sie können leicht überhoben werden. Bis Eighteen Mile Creek ist der Bowron recht langsam. Eine halbe Meile nach der Mündung dieses Creek zwingen drei im Fluß liegende Stämme den Bowron zu einer scharfen S-Kurve. Nach nochmals 4,5 Meilen beginnt eine 8 Meilen lange Wildwasserstrecke. Zuerst muß man in Steingärten am laufenden Band

Blöcke ausmanövrieren, dann ist die Innenkurve meist der sicherste Weg.
Es folgt ein 11-Meilen-Canyon mit noch schwierigeren Wasserverhältnissen. In diesem Abschnitt existiert kein Trail. Oberhalb des Haggen Creek ist eine Treibholzbarriere entstanden, die evtl. ganz links ausmanövriert werden kann, und gleich folgt wieder ein »log jam«, die ebenfalls evtl. ganz links zu passieren ist.
Dreiviertel Meile nach der Mündung des Taspai Creek beginnt der erste von 3 weiteren Wildwasserabschnitten, deren Bewältigung Erfahrung und Können voraussetzen. Die schwersten Schnellen kommen nach der Highway-16-Brücke!
Auf den restlichen 30 Meilen – ab Cottonwood Island – sperrt nach 3 Meilen noch ein gefährlicher »log jam« den Fluß (evtl. links vorbei). Danach ist freie Fahrt bis zum Ausbooten.

Stuart und Nachako

Dagegen sind diese beiden Flüsse (ab Fort St. James) ganz leicht. Auf 120 Meilen sind lediglich 4 kurze Portagen zu bewältigen! Die beiden ersten Schnellen gleich am Anfang sollten rechts gefahren werden, die folgenden (vor dem Saxton) sind an der Innenseite zu nehmen. Von den vier Schnellen zwischen Saxton Creek und Nachako sind die zwei ersten ebenfalls innen zu fahren, die dritte bei gutem Wasserstand rechts (sonst zu treideln), die vierte wieder innen anzugehen. Der linke Arm der Isle de Pierre Rapids ist fahrbar, die Schnelle drei Meilen davor dagegen rechts. Die Schnellen nach den Isle de Pierre Rapids sind ganz nahe an einem der Ufer zu passieren, die beiden Schnellen dahinter sollten rechts angefahren werden. Dahinter stehen Walzen. Achtung auf das Kehrwasser!
Einen ähnlichen Charakter hat der

Salmon River

befahrbar ab Great Beaver Lake (50 Meilen nördlich von Prince George per Wasserflugzeug erreichbar). Der Fluß ist hübsch und 105 Meilen lang. Im ersten Abschnitt mäandert der Salmon (er ist nur 10 bis 20 m breit). Bis Muskeg-River-Mündung sind 5 Driftholzsperren zu überwinden (die dritte kann auf einem schmalen

Seitenarm 25 m oberhalb abzweigend rechts umschifft werden). An den 3 Sperren an dem Jagdcamp kann man sich zuerst rechts und dann zweimal links vorbeidrücken.
6 Meilen unterhalb der Mündung des Muskeg muß ein »log jam« 160 m rechts umtragen werden. Die folgenden 2 Sperren sind ebenfalls links auf einem Seitenarm zu umgehen – nachdem ca. 150 m umtragen worden sind. Danach muß man aufpassen, denn der Fluß ist jetzt schneller geworden und rauscht um scharfe Kehren. Innenseite fahren! Im Zweifelsfalle treideln! Salmon Valley liegt 1 km von der Brücke entfernt.

Chilko und Chilcotin River

Der Chilcotin Lake ist von Williams Lake her per Straße zu erreichen (1 Meile vor Redstone nördlich abbiegen und dann 30 Meilen weiter).
Nach 16 Meilen teilweise schneller Flußstrecke kommt ein enger, manchmal nur 10 bis 12 m breiter, drei Meilen langer Canyon. Im ersten Abschnitt sind Blöcke und Stufen, die umtreidelt werden können; dazu sperren zwei Windbrüche den Fluß. 2,5 Meilen vor Redstone muß man sich durch einen Steingarten hindurchmogeln. Unterhalb von Redstone teilt sich der Chilcotin in eine Reihe von Armen, mit Windbrüchen, Treibholzsperren und schnellen Passagen. Ebenso ist es auf den letzten 4 Meilen vor der Chilko-Einmündung.
Der Chilko bringt als Mitgift die zehnfache Wassermenge des Chilcotin mit. Die einzige Schwierigkeit bis 2,25 Meilen vor Alexis Creek Bridge sind hohe Wellen. Dann kommen ein paar scharfe Kehren mit Brechern und eine Meile unterhalb eine Stufe, die rechts fahrbar ist. Auf den nächsten 12 Meilen ist schnelles, aber einfach zu befahrendes Wasser. Die letzte Stufe ist 4 Meilen aufwärts von Hanceville Bridge (Stony Canon).
Die Strecke ist 70 Meilen lang. Landschaftlich schön, der Schwierigkeitsgrad liegt zwischen »durchwachsen« und »mittelschwer«.
Ab der Einmündung des Taseko kann man den Chilko auf 10 Meilen fahren (ohne größere Schwierigkeiten – wenn man den Brechern ausweicht) mit einer Portage, um die von einer Brücke überspannte Engstelle. (Rechts ausbooten, über die Brücke tragen und dann wieder einsetzen.)

Einen ganz anderen Charakter haben die *»Drei Thompsons«*

Ausgangspunkt ist Kamloops, die »Rindviehstadt«. »Treffpunkt der Flüsse« heißt dieses indianische Wort. Kamloops liegt in einem sommers heißen Trockengebiet, das gar nicht so recht in manches Kanada-Bild passen mag. Da ist zuerst der *North Thompson,* vom Ort Clearwater bis Kamloops auf ca. 150 km fahrbar. Ein leichter, sehr schöner, lohnender Fluß. Die einzige Schwierigkeit: Heffey Creek Rapid (im unteren Flußdrittel, WW 2–3).
Der *South Thompson* ab Chase ist langsam und leicht (50 km). Fügt man eine Shiswap-Lake-Tour hinzu, kommt man auf 200 km.
Weiterfahren kann man zwar auf dem Thompson in Richtung Fraser, doch auf diesem mächtigen Fluß heißt es aufpassen! Ab Ende August, bei niedrigem Wasserstand, ist der Schwierigkeitsgrad mit 1–3 angegeben (zwischen Savona und Ashcroft, 40 km). Von Ashcroft bis Spencers Bridge (45 km) WW 2–3 mit 3 + und Abschnitten WW 4–5.
Ab Spencers Bridge wird der Fluß nur noch für schwere Schlauchboote befahrbar.
Vern Rupp, aus der Schweiz nach Kanada eingewandert und seit vielen Jahren in Vancouver beheimatet, einer der erfahrensten Kajakfahrer British-Columbias, schreibt über den Thompson: »*Aufgepaßt!* Dieser Fluß wird allgemein unterschätzt! Ich habe an die 40 km, eine ›sehr leichte Strecke‹ im Juni/Juli bei Hochwasser getestet. Es war eine Alleinfahrt. Ich erlebte die Überraschung meines Lebens. Da war WW 3 und sogar stellenweise 4–5, während auch für mich dieser große Fluß vom Ufer aus leicht ausgesehen hat. – Der Thompson sollte nur innerhalb einer Gruppe von mindestens drei Booten befahren werden; der Fluß ist breit und oft sehr schnell. Einer allein hätte kaum eine Chance, das Ufer vor einer Meile Abdrift zu erreichen.«

Dagegen empfiehlt er den *Silikameen,* auf 110 km, als einen der schönsten WW-Strecken B. C.'s – wenn nicht ganz Kanadas!
»Das Wasser ist so klar, daß die Anwohner es direkt aus dem Fluß in die Küche pumpen«, schreibt Vern.
Schwierigkeitsgrade: Princeton–Hedley (45 km), WW 2–3 bis 4 in einzelnen Abschnitten, Hedley–Oroville (direkt südlich der US-Grenze), WW 1–2.

Ähnlich wie durch den Grand Canyon in den USA veranstalten die »Whitewater Adventurers« mit großen Militär-Schlauchbooten Wildwassertrips durch die grandiosen Canyons des Thompson und des Fraser.
Ein 20-PS-Outboarder steuert die klobig-wulstigen, aber sicheren Gefährte durch Walzen, Brecher und Strudel. Schlauchboote sind die einzigen Fahrzeuge, die diesen entfesselten Wassermassen gewachsen sind.
Ein fünftägiger, risikoloser, einmaliger Nervenkitzel einschließlich des Erlebnisses der zu den eindrucksvollsten Fluß- und Durchbruchslandschaften Nordamerikas zählenden Canyons kostet 280 Dollar, ab und bis Vancouver. Wochenendtrips auf Fraser und Thompson sind schon für 125 Dollar zu haben.
In John Mikes' »Canadian River Expedition« führt die Reise per Fährschiff von Vancouver über die Horseshoe Bay (bereits ein eindrucksvolles Stück Kanada!) und weiter mit einem Motorboot durch Fjorde, die den norwegischen nicht nachstehen, bis zum Startplatz eines Wasserflugzeuges am Bute-Fjord.
Vierzig Minuten dauert der Flug über das Küstengebirge – ein weiteres Erlebnis – bis zum Chilko Lake.
Dort beginnt auf mächtigen Schlauchbooten die siebentägige Flußreise: über Chilko, Chilcotin (grünes, klares Wasser) zum mächtigen Fraser River und durch den Fraser Canyon bis Lillooet.
400 km Abenteuer – eine Flußlandschaft, die sich durchaus mit dem Grand Canyon des Colorado messen kann. Gesamtdauer: 12 Tage. Preis: ca. Can. $ 750,–. Diese Tour ist trotz dieser stolzen Summe so populär, daß man sich ein Jahr im voraus anmelden muß.

Adressen:

British Columbia
Department of Travel Industry
1019 Wharf Street
Victoria, B. C., Canada

Roland Kiemle
Kepler Str. 13
6901 Nußloch
Tel. 06224–13474

Für die Jagd in Kanada

R. Funnemann
Frauenhofstr. 18
6000 Frankfurt 71
Tel. 0611–671246

Schlauchboot-Touren:

Globetrotter Tours & Travel
Schlauchbootfahrten in Yukon und B.C.
Kaiser-Joseph-Straße 225
7800 Freiburg
Tel. 0761–37686

Whitewater Adventurers Ltd.
P. O. Box 46536
Vancouver – B. C.

Canadian River Expeditions, John Mikes
845 – Hornby Street
Vancouver – B. C.

Bücher über British-Columbia

Conover, David, »Ich kauf' dir eine Insel«, Albert Müller, Rüschlikon/Zürich

Johann, A. E., »Ein Traumland – British-Columbia«, Bertelsmann Sachbuchverlag, Gütersloh

Patterson, R. M., »Finlay's River«, »Trail to the Interior«

Kanadas »Wilder Norden«

Yukon:	530000 km^2	– 22000 Einwohner
Northwest Territories:	3250000 km^2	– 43000 Einwohner

0,01 Einwohner auf 1 km^2 oder:
auf 100 km^2 kommt im Schnitt 1 Mensch
sechzehnfache Größe der BRD,
$^1/_{1700}$ von deren Einwohnerzahl

Bergbau, Holzindustrie

Jagd, Fischen, Kanusport

Das Land Jack Londons

Yukon – dieses indianische Wort bedeutet schlicht und einfach: der Größte. Und es steht da mit vollem Recht! Für den Fluß, für die Berge, für die Wildnis, für Jack Londons Goldgräber-Romantik.
Doch zuerst einmal etwas über den geschichtlichen Hintergrund: die ersten Weißen, die den Strom sahen, zeigten sich wenig beeindruckt. Es waren die Russen, die vom »Pfannenstiel« Alaskas herübergekommen waren. Für sie war dieser Teil Nordamerikas lediglich eine Fortsetzung ihres eigenen Sibiriens. Ihr goldenes Vlies war das Fell des Seeotters. Und außerdem waren da die Tlingits, die Chilkoots und die Chilkats; und mit keinem dieser Indianerstämme war gut Kirschen essen, das mußten die Russen mehrmals erfahren.
Eine Erfahrung, die auch der mächtigen Hudson's Bay Company nicht erspart blieb, als die Rothäute sie zwangen, ihren Handelsposten in Fort Selkirk aufzugeben. Das war Mitte des vergangenen Jahrhunderts.
Doch dann erschienen die »Einzelkämpfer« auf dem Plan – die ersten Goldsucher. 1873 war es Arthur Harper, der sich vom Osten her – über Peace, Slave, Mackenzie, Peel, Rat, Bell und Porcupine River zum Yukon durchschlug. 1878 kam George Holt unbeschadet über den Chilkoot-Paß. Wie es ihm gelang, sich an den Wachen der Chilkoots vorbeizumogeln, die diesen Zugang eifersüchtig bewachten – ist heute noch ein Rätsel. 1882 war es dann Ed Schieffelin, der die zweitausend Meilen von der Bering-See heraufpaddelte.
Alle drei fanden Gold – allerdings so wenig, daß Holt sein Glück schon bald wieder östlich bei den Copper-Indianern versuchte. Doch da erging es ihm noch schlechter. Die Rothäute aus dem Kupferland erschlugen ihn kurzerhand, ebenso wie drei weitere, unbekannte Prospektoren. Und ihnen wurde statt irdischer Güter – so steht es wenigstens zu hoffen – die ewige Seligkeit zuteil.
Bereits 1880 war ein amerikanisches Kanonenboot vor dem Chilkoot-Paß aufgetaucht und hatte blind ein paar Salven in den Hang geschossen. Diese Demonstration beeindruckte den Chief Hole-in-the-Face so sehr, daß er den Paß für Weiße öffnete.
Von diesem Zeitpunkt an tröpfelten, sickerten, flossen und ström-

ten schließlich Glücksritter aller Provenienz in das Gelobte Land, bis die »Stampede« in den Jahren 1897/98 ihren absoluten Höhepunkt erreichte. Die allermeisten Golddigger kamen jedoch viel zu spät.

Robert Henderson, George Carmack, Charley Anderson, »The Lucky Swede«, Skookum Jim, Tagish Charley, Arizona Charley, Anton Stander, John Healy und eine Handvoll anderer Prospektoren hatten sich die beiden Claims an Eldorado und Bonanza Creek sowie in den Cheechako Hills gesichert. Andere nahmen ihnen den Gewinn wieder. Die Bartender, Dance Hall Girls, die Merchants zogen ihnen die Nuggets aus der Tasche – und verloren ihrerseits an die »Gambler«, wie Nigger Jim, Swiftwater Bill, Silent Sam, Bill McPhee, Oregon Jew, Soapy Smith oder wie diese Spieler alle hießen. Sie wiederum verloren ihre Vermögen genauso schnell, wie sie es gewonnen hatten. Sich darüber aufzuregen – galt als nicht »gentlemanlike«. Belinda Mulroney, die hartgesottene Geschäftsfrau, die in ihrem Hotel Hunderttausende einnahm, wurde ihrerseits Opfer des »Grafen« de Carbonneau, eines Barbiers aus Montreal. Eine Spendier-Orgie, ein verschwenderischer Reigen, der anhielt, bis alles Gold irgendwo versickert war. Dawson City war für zwei, drei Jahre eine der größten Städte Kanadas, eine Stadt immerwährenden Karnevals. Jack London erschien 1897 auf der Szene. Neunzig Tage kostete es ihn, mit seinen Partnern Goodman, Thompson und Sloper die Tonne Ausrüstung, die pro Mann erforderlich war, über den Chilkoot zu schleppen. Dann bauten sie die »Yukon Belle« und die »Belle of the Yukon«, zwei Flußboote, und fuhren den Lindemann und Bennet Lake hinunter zum Lewes, wie der Yukon in seinem Oberlauf heißt. Jack, der Seemann, verdiente sich ein Startkapital, indem er eine ganze Anzahl von Booten durch die Whitehorse Rapids lotste.

Doch zweiundsiebzig Meilen von Dawson, an der Mündung des Steward, überraschte sie der »Freeze-up«, das Zufrieren des Yukon. Sie hausten den Winter über in einer Blockhütte – genau wie Hunderte, die an den Ufern des Yukon froren und bis zum »Break-up«, dem Aufbruch des Eises, ausharren mußten. Im Frühjahr stellten Jack und seine Crew ein Floß zusammen, schipperten auf ihm den mächtigen Strom herunter und verkauften das Holz in Dawson.

Jack London suchte selbst nie nach Gold. Viel eher war er ein aufmerksamer Zuhörer bei den Gesprächen der »Sourdoughs« und

»Eldorado Kings« in den Saloons. Außerdem wurde ihm viel Talent bescheinigt, die richtigen Leute zum Reden zu bringen, ihm Informationen zu liefern, die er dann zu seinen Novellen und Romanen verarbeitete.

Schon im Juni 1898 verließ Jack Dawson City und fuhr mit John Thompson in nur neunzehn (!) Tagen den Yukon bis zu seiner Mündung hinunter. Das sind immerhin eintausendneunhundert Meilen. In Ehren ergraute Kanuten, für die sechzig, achtzig Kilometer auf einem hindernisfreien, rasch fließenden Gewässer eine gute Leistung sind, mögen den Kopf schütteln – aber es stimmt. Denn einmal ist es Ende Juni, Anfang Juli und auch nachts in jenen Breiten taghell, und zudem fuhren Jack und sein Partner nicht in einem Kajak oder einem Kanu, sondern in einer Art Dingy, und da konnte jeweils einer der beiden Männer schlafen.

Jack London ließ sich als Heizer anheuern, reiste weiter als Zwischendeckspassagier – und trampte auf den Puffern von Eisenbahnzügen schließlich nach Oakland, wo er zu Hause war. Eine Art zu reisen, in der er schon früher Erfahrungen gesammelt hatte.

Dawson City, das einmal fünfzigtausend Einwohner zählte, ist heute Heimatort von nicht einmal tausend Menschen. Die Touristen, die sich hier treffen, kommen mit Chevrolets und Buicks, in Wohnwagen und Pick-up-Campern – über den Alaska-Highway.

Eine Traumstraße? Oder?

Es gibt bekanntlich auch Alpträume. Und fünfundneunzig Prozent des Alaska-Highway sind – von der Straße als solcher gesprochen – ein Alptraum. Sie mußte 1942 aus militärstrategischen Gründen sehr schnell gebaut werden. Sie wurde überstürzt gebaut, und das kann die Straße auch heute nicht verbergen – obwohl die schlimmsten Ecken entschärft sind. Fünfundneunzig Prozent der rund zweitausendzweihundert Kilometer von Dawson Creek nach Fairbanks in Alaska haben Schotterbelag. Der Alaska-Highway ist mittlerweile eine verhältnismäßig stark befahrene Straße geworden, und ein beachtlicher Anteil des Verkehrsaufkommens besteht aus mächtigen Fernlastern – womöglich noch gewaltigeren

Ausmaßes als das, was bei uns so über die Autobahnen donnert. Die Fahrer haben sich einen den Verhältnissen angepaßten Fahrstil angeeignet: ohne die Bremsen zu betätigen, brausen sie die steilen Hügel herunter, um genug Schwung zu bekommen, auf der anderen Seite ohne großes Schalten wieder hinaufzukommen.
Der Großteil der Piste besteht aus Hügeln – und Kurven. Diese haben den Vorzug, daß sich innen blankes Packlager zeigt, während all das lose Material – und das ist eine ganze Menge – sich an den äußeren Radius schiebt. Solange man die Kurve für sich allein hat, ist das eine feine Sache. Wehe aber, wenn einer entgegenkommt! Dann muß man außen auf das lose Geröll. Wer da bremst, liegt im Graben, also Augen zugekniffen und mit Vollgas durch!
Hinzu kommt bei schönem Wetter der Staub. Es sind Wolken, die einen für Sekunden perfekter einhüllen als ein First-Class-Neufundland-Nebel; ein Staub, der sich durch alle Ritzen und Öffnungen drängt und der auf den Zähnen knirscht. Manche verkleben die Öffnungen mit Klebeband – doch viel nützt auch das nicht.
Das Schlimmste sind die hochgewirbelten Steine! Kaum ein Auto, das nicht nur die echte Alaska-Highway-Plakette, sondern auch den »Nordstern« (nicht eben stolz) auf der Windschutzscheibe präsentiert.
In Westkanada hat man sich auf Schotterstraßen eingestellt und die entsprechenden Teile wie Tank, Antriebsaggregate geschützt. Das gleiche sollte man am eigenen Fahrzeug tun. Für die Lampen kann man sich aus Schaumstoff etc. und Karnickeldraht selbst eine Vorsichtsmaßnahme basteln, allerdings müssen wegen des Staubes auch tagsüber die Scheinwerfer eingeschaltet bleiben.
Im Regen ist das Fahren angenehmer, nicht aber das Betrachten der Landschaft – und die entlohnt endlich doch noch für eine Befahrung dieses Teiles der »Traumstraße« der Welt.

Flußbeschreibungen

Eine immer größer werdende Zahl von Yukon-Besuchern kommt, genau wie die alten Klondiker, per Boot, per Kanu, um der alten Goldgräberstadt ihre Reverenz zu erweisen. Mit dem Boot kann man bereits – wie die »Stampeder« – auf dem Bennet Lake die Reise beginnen. Oder, wenn man Zeit hat, sich ein paar Sommerwochen auf Lindemann, Bennet, Tagish und Atlin Lake und mit Bergwanderungen die Zeit vertreiben (diese Seen stehen alle miteinander in Verbindung). Das ist ganz bestimmt nicht die schlechteste Art, seinen Einstand in die Wildnis zu geben!

Zum *Yukon* selbst: Wie gesagt, könnte am Bennet Lake (Station der White Pass Railway) der Startplatz sein, doch in neun von zehn Fällen beginnt die Flußfahrt in Whitehorse. Zwischen Bennet Lake und Whitehorse sind auch die beiden einzigen (künstlichen) Hindernisse auf dem gesamten Strom: zwei leicht zu umgehende Staudämme. 8 Meilen unterhalb Marsh Lake und oberhalb Whitehorse, in dem die berüchtigten Schnellen ersoffen sind. Ab Ausfluß Marsh Lake ist es Lac Laberge, dann spricht man von einem Lewes River, erst danach heißt er Yukon.
Ab Marsh Lake bis zur Mündung sind es 2400 Meilen oder knapp 4000 km. Damit ist der Yukon einer der letzten, ganz großen Ströme im Urzustand, an den sich eigentlich jeder, der sich ein paar elementare Regeln über den Umgang mit einem Boot und der Wildnis zu eigen macht, herantrauen kann. Selbstverständlich ist Geld dazu vonnöten – und vor allem Zeit! Doch ist diese Fahrt ein machbares Unternehmen, ja, fast möchte ich sagen, für jeden. Gewiß nicht jedes Jahr, aber einmal doch ... Und es ist ein Erlebnis, das neue Dimensionen auftut. Dimensionen, die man aber nicht beschreiben, sondern nur »erfahren« kann im wahrsten Sinne des Wortes. Zurück zur Realität des Yukon: ab Whitehorse gibt es zwei Stromschnellen. Bei beiden braucht man nicht aus dem Boot auszusteigen – weder bei den Five Finger noch bei den Rink Rapids 5 Meilen weiter unterhalb. Bei den ersteren ist die Durchfahrt ganz rechts. Man halte sich in der Stromzunge – und dann direkt in die höchsten Wellen, selbst auf die Gefahr hin, daß da mal was ins Boot schwappt und den Vordermann segnet. Auch in den Rink Rapids hält man sich rechts.

Hier noch ein Tip für den, der, vom Gegenwind geplagt, ohne viel zu tun, rasch weiterkommen will: er binde sich einen ordentlichen Holzklotz vor das Boot! Die Strömung nimmt den Holzklotz mit und zieht das Boot hintennach.
In den Yukon Flats – schon weit in Alaska – muß man höllisch aufpassen, sich nicht zu verfranzen.
Für den, der sich nicht mit der oft umständlichen und zeitraubenden Organisation einer Yukon-Fahrt herumschlagen will, hat Roland Kiemle Paddeltouren von Whitehorse nach Dawson City – eine Strecke von ca. 850 km – als Reiseprogramm aufgelegt. Auf dieses Angebot sollten vor allem »Wildnis-Greenhorns« zurückgreifen. Denn hier können sie risikolos unter fachmännischer Anleitung ihre ersten Gehversuche im Kanu und im Umgang mit der Wildnis machen.
Das Erlebnis der Flußfahrt durch eine eindrucksvolle Landschaft und ein Stück kanadischer Geschichte werden gratis mitgeliefert!
Eine ganze Reihe von herrlichen Zuflüssen des großen Stromes würden, in allen Einzelheiten beschrieben, ein dickes Buch füllen.

Eine der schönsten – und leichtesten – Anfahrten ist der *Nisutlin River* ab Meile 42 der Canol Road bis nach Teslin (ca. 110 Meilen) – eine Fahrt durch fast unberührte Wildnis, zu der keine große Bootserfahrung gehört.

Ab Teslin geht es dann über den *Teslin Lake* und den *Teslin River* (ebenfalls leicht zu bewältigen) ca. 160 Meilen hinunter, der in einem Ort mit dem hübschen Namen Hootalinqua den Yukon, etwa 30 Meilen unterhalb des Ausflusses aus dem Lac Laberge, erreicht. Von hier sind es noch etwa 330 Meilen bis nach Dawson. Das Ganze ist eine grandiose Tausend-Kilometer-Fahrt, die innerhalb von vier Wochen, zu einem Preis, der um die 2500 DM liegt (ab und bis Frankfurt/Main), zu machen sein müßte.

Die Canol Road erschließt noch andere Routen: so den *Big Salmon River,* eine weitere nicht zu schwierige Fahrt zum Yukon (ab Quiet Lake) mit vielen Schnellen und rascher Strömung, ca. 150 Meilen. Er mündet etwa 40 Meilen unterhalb von Hootalinqua.

Auch der *South MacMillan* und der *Pelly River* sind von der Canol Road her zugänglich. Roland Görger, Rolf Märtens und ein weiterer Freund haben schon ganz weit oben in den MacMillan eingesetzt und geben den Schwierigkeitsgrad in diesem Abschnitt mit WW 3 – also für den erfahrenen Kanuten als durchaus machbar – an. Der MacMillan ist dann auf etwa 300 Meilen Länge bis zur Einmündung in den Pelly ein anderer Weg durch die Einsamkeit. Leichter dagegen ist der Pelly ab Ross River, ein 250 Meilen langer Trip durch menschenleeres Land bis nach Fort Selkirk am Yukon. Fort Selkirk ist aufgegeben. Bis Dawson sind es nochmals 178 Meilen.

Schwieriger dagegen ist die Anfahrt zum Pelly auf dem *Ross River.* Mit einem Wasserflugzeug kommt man zum John Lake (150 Meilen bis zur Mündung) und per Fahrzeug über die Canol Road zum Seldon Lake (115 Meilen oberhalb Ross River). Die ersten 12 Meilen ab John Lake sind Wasserwandern im wahrsten Sinne des Wortes; 3/4 der Strecke muß getreidelt werden. Des weiteren ist da ein unfahrbarer Canyon oberhalb des Sheldon Lake; der Trail ist 1 1/4 Meile lang, so daß es kaum der Mühe und des Aufwandes lohnt, bereits so weit oben anzufangen.
Ab Sheldon Lake erfordert der Prevost Canyon Aufmerksamkeit. Dieser Abschnitt ist fahrbar, kann aber auch eine 3/4 Meile rechts umtragen werden. Danach folgen einige Schnellen mit dem Schwierigkeitsgrad 2 und 3. Die Skookum Rapids sind schwer (WW 4), können rechts getreidelt oder links umtragen werden. Von Lewis Lake bis 8 Meilen unterhalb von Otter Creek ist flotte Strömung (1 bis 2), die Schnelle am Prevost River hat den Schwierigkeitsgrad 3, eine weitere in einem kleinen Canyon ist leichter. 6 Meilen vor der Mündung (Ross Canyon) ist der Schwierigkeitsgrad mit 2 bis 3 angegeben. Ross River selbst liegt eine halbe Meile unterhalb der Mündung in den Pelly. Achtung auf das Fährenseil!

Der letzte Zufluß vom Osten her ist der *Steward River.* Der Oberlauf ab Beaver Creek (nur mittels Wasserflugzeug erreichbar) ist sehr schön (etwa bis Mayo). Die Schwierigkeiten sind mäßig. Der Seven Mile Canon ist mit WW 1 bezeichnet, die Five Mile Rapids mit 2 bis 3, die Three Mile Rapids mit 3, die Fraser Falls sind zu umtragen, danach ist die Fahrt leicht. Von der Mündung aus sind es noch 70 Meilen bis Dawson.

Der *Klondike* zusammen mit dem *North Klondike* ist eher von geschichtlich-nostalgischem Interesse, als daß die wassertechnische oder landschaftliche Seite Besonderes bieten würde. Der North Klondike ist über den Dempster-Highway zugänglich, von dem eine alte Piste zum Fluß führt (nur für Fahrzeuge mit Vierradantrieb!). Die zehn Meilen auf dem North Klondike sind schwierig und nur für erfahrene Kanuten empfehlenswert. Der alte Damm, 5 Meilen vor der Mündung, sollte umtragen werden.
Der Klondike selbst ist eine Tagesfahrt ohne besondere Attraktion entlang des Klondike-Highway.
Von den westlichen Zuflüssen liegen Informationen über den White und Sixty Miles River vor.

Der *White River* ist zwar über den Alaska-Highway leicht erreichbar, gehört aber nicht zu den wirklich interessanten Anfahrten zum Yukon. Der Fluß ist 180 Meilen lang und so sedimentgesättigt, daß sein Wasser nicht trinkbar ist und er hinterher dem Yukon seine milchige Färbung verpaßt. Er mündet 70 Meilen unterhalb von Dawson.

Auch der *Sixty Mile River* ist nicht gerade der Traum eines Kanuten. Der Oberlauf hat viele Treidelstellen, umgestürzte Bäume müssen überhoben werden. »Sweeper« sind das tägliche Brot. Er ist über eine Seitenstraße von Dawson aus erreichbar, allerdings wieder nur per Fahrzeug mit Vierradantrieb. Die Gesamtstrecke beläuft sich auf 110 Meilen, der Schwierigkeitsgrad ist etwa WW 2.

Eine der herrlichsten, echten Wildnis-Touren verläuft in einer anderen Richtung! Sie führt nach Norden und beinhaltet alles an Härte, landschaftlicher Schönheit, Einsamkeit, nordischer Tierwelt und nicht zuletzt Wildwasser jeder Schwierigkeitsstufe. Es ist der 300-Meilen-Trip durch die Mackenzie Mountains, den *Ogilvie* und *Peel River* hinunter bis Fort McPherson. Ein Trip, zu dem viel Wildwassererfahrung und körperliche Fitness gehören.
Startpunkt ist Meile 123 des neuen Dempster-Highway. Die Flußfahrt führt durch die grandiose Bergwelt der Ogilvie Mountains, auf dem Fluß mit dem gleichen Namen.
Nach 15 Meilen macht sich die erste Schwierigkeit bemerkbar, eine Schnelle, die bei gutem Wasserstand fahrbar ist. Nach weite-

ren 5 Meilen kommt eine weitere Schnelle: ansehen, evtl. treideln, und die letzten 20 m über eine Stufe tragen. Es folgen weitere Stufen, die je nach Wasserstand fahrbar sind. Bis Meile 66, dem Zusammenfluß mit dem Blackstone, folgt eine leichte Strecke. Ab hier heißt der Fluß *Peel.*

Der Peel River strömt in mehreren Armen durch ein breites Geröllbett, ohne daß vorerst Schwierigkeiten auftauchen würden. Ab Meile 91 müssen eine Reihe von Stufen beachtet werden, die aber nach vorherigem Ansehen fahrbar sind. Ab der Mündung des Hart River sind fünf größere Schwellen zu beachten. Hier die Empfehlung der Erstbefahrer:

Nr. 1 – links fahren oder treideln

Nr. 2 – (2 Meilen danach, oder 6 Meilen ab Hart-Mündung) Zwei Meter-Wellen in einem engen Schlauch auf 1,5 Meilen. Links fahren, treideln oder tragen

Nr. 3 – nach Ansehen fahren oder links treideln

Nr. 4 – (vor den Aberdeen Falls): kann ganz rechts ausmanövriert werden

Nr. 5 – ebenfalls rechts fahren oder treideln

Die Aberdeen Falls (Meile 119) sind unfahrbar, die Portage ist rechts (kein Trail vorhanden). Sie ist zwischen 4 und 6 Meilen lang! Als Landmarke kann ein einzelner, fernliegender Berg dienen, der einzige, der vom Wasserspiegel beim Ausbooten stromabwärts sichtbar ist. Die Portage endet an der Innenseite der Rechtskurve, nachdem der Fluß eine 90-Grad-Biegung um den bewußten Berg gemacht hat. Es ist die erste Stelle, wo man an den Fluß herankann.

Nach dem fahrbaren Canyon-Abschnitt folgen die nächsten Schnellen mit dem Schwierigkeitsgrad 2 zwischen Meile 125 und 135. Die Empfehlung heißt hier: links fahren! Im Lower Canyon sind 1 m hohe Wellen. Also Vorsicht im offenen Kanu! Auch danach bleibt der Fluß schnell mit hohen Wellen, bereitet aber keine ernsthaften Schwierigkeiten mehr. Trotzdem ist die Atmosphäre zwischen den hohen, schwarzen Felswänden und auf dem schnellen Wasser (15 km/Std.) nicht gerade anheimelnd.

Ab dem Zufluß des Snake River benimmt sich der Peel zivilisiert. Von Fort McPherson kann man durch das Mackenzie-Delta nach Inuvik – oder den Rat River aufwärts über den Summit Lake, Little Bell, Bell, Porcupine, zum Yukon – ein leichter Tausend-Kilometer-Trip, bei dem ab dem Einsatz in den Little Bell keine ein-

zige Portage erforderlich ist. Allerspätestens sollte man den Little Bell am 15. August erreicht haben. Wie wir aus eigener Erfahrung wissen, kann es schon im September am Porcupine recht kalt werden! Wir hatten zwischen dem 3. und 6. September Temperaturen von minus 10 Grad!
Wer keine Zeit oder keine Lust hat, sich einem Kanu oder Kajak anzuvertrauen und auf eigenem Kiel den Yukon herunterzureisen, der kann sich einer Tour anschließen, die Roland Kiemle jedes Jahr »auf den Spuren Jack Londons« organisiert. Nach dem Flug um die halbe Welt von Amsterdam nach Vancouver geht es nach Whitehorse, der »Hauptstadt« des Yukon. Hier steigt die Gruppe in Fahrzeuge mit Vierradantrieb und braust nach Dawson City – selbstverständlich mit einem Abstecher zu den Claims am Klondike, Eldorado und Bonanza Creek. Weiter geht's über den berühmt-berüchtigten Alaska-Highway nach Fairbanks, der zweitgrößten Stadt Alaskas. Ein Höhepunkt der Reise ist die Fahrt zum höchsten Berg Nordamerikas, dem Mount McKinley in Alaska. Kaum sonstwo hat man bessere Aussichten, Grizzlys, Caribous, Elche, Bergschafe, Biber, Wölfe und andere Vertreter der Tierwelt des amerikanischen Nordens in freier Wildbahn zu beobachten und praktisch vom Auto aus zu fotografieren. Über den Kluane Lake geht es zurück nach Whitehorse und von dort mit der berühmten White Pass Railway, die ihre Entstehung ebenfalls dem Goldrausch verdankt, nach Skagway.
Dann wird's hart, aber auch zünftig: zu Fuß marschiert die Gruppe über den Chilkoot-Paß nach Whitehorse. Eine dreitägige Wanderung mit Übernachtungen in Schutzhütten, die nicht nur eine nostalgische Reminiszenz an die Zeit der »Argonauten« ist, wie die Goldsucher seinerzeit genannt wurden, sondern auch ein eindrucksvolles Landschaftserlebnis. Es beginnt mit den regenverhangenen Bergen des alaskanischen Pfannenstiels, mit ihren dichten Urwäldern; dann folgen die Geröll-Landschaften des Passes, die Gletscher und schließlich die trockene und vegetationsarme Hochgebirgswelt des südlichen Yukon.

Nahanni/Mackenzie/Liard

In der »Drei-Provinzen-Ecke« im Nordwesten Kanadas rauscht ein Fluß aus dem gebirgigen Irgendwo der Yukon-Mackenzie-

Wasserscheide – ein Fluß mit einer bösen Reputation, mit einer langen Liste von Opfern. Willie und Frank McLeod, als Skelette aufgefunden, ein Prospektor mit Namen Wilko oder Wilkinson, verschwunden, Shebbach verhungert, Jorgensson auf unbekannte Art umgekommen, Hall in den Bergen verschollen, Phil Powers verbrannt, Eppler und Mulholland verschollen, Holmberg verhungert, Anni Laferté verschollen, wahrscheinlich auf mysteriöse Art umgekommen. Mahnke, Weissmann und Wüterich, drei Schweizer, sind im Hell's Gate des Nahanni ertrunken.
Andere haben's geschafft! Und Ernst Becher aus Köln hat gesagt: »Der Nahanni, das ist eine Sonntagsnachmittags-Kaffeefahrt!« Diese Behauptung möchte ich nicht unterschreiben. Bei niedrigem Wasserstand, vielleicht. Für Ernst Becher, vielleicht. Doch was der »stille Ernst« als Sonntagsnachmittags-Kaffeefahrt tituliert, mag für andere bis an die Grenze des Vertretbaren gehen. Uns hat's gereicht, den Fluß bei Hochwasser zu befahren.
An einem ist nichts zu deuteln und zu drehen: der Nahanni-Canyon ist eine der phantastischsten Flußlandschaften, die unser alter Erdball aufweist. Ein Canyon von über hundert Kilometern Länge, eingeleitet von einem der spektakulärsten und höchsten Wasserfälle Kanadas, und das alles in einer noch praktisch menschenleeren Wildnis.
Der Fluß ist weit oberhalb der Virginia Falls fahrbar, und da man ohnehin per Buschflugzeug einfliegen muß, kann sich die Crew den ihr genehmsten Einsatzpunkt aussuchen. Absprungspunkt könnte Watson Lake am Liard (150 Meilen), besser noch Tungsten am Flat River sein, wo eine Privatstraße hinführt. Leider ist nach meinen Informationen der Flat dort erst ein Rinnsal und nicht fahrbar, während ein anderer behauptet, es sei möglich. Wie es nun wirklich ist, konnte ich beim besten Willen nicht herausbekommen. Achtung vor dem Hell's Gate, etwa 10 Meilen unterhalb der Virgina Falls auf dem Nahanni! Hier sind die jungen Schweizer vor ein paar Jahren ertrunken. Eine Portage führt rechts an diesem bösen Wirbel vorbei.
Von der Nahanni-Mündung bei Nahanni Butte kann man ohne Portage den Liard bis zur Mündung hinunterfahren und evtl. in Fort Simpson am Mackenzie River ausbooten und per Auto über den Mackenzie-Highway nach Edmonton zurückfahren.

Der *Mackenzie River* selbst, einer der bedeutendsten Ströme der

Welt, ist ein gewaltiger Wasserweg, der ohne Unterbrechung den Great Slave Lake im Innern Kanadas mit dem Eismeer verbindet.
Ganz unverdorbene Wildnis ist das breite Stromtal nicht mehr. Und doch ist es eine faszinierende Sache, sich von einem so mächtigen Gewässer leiten zu lassen und die verschiedenen Indianerstämme entlang seines Laufs, an der Eismeerküste die Eskimos kennenzulernen.
Das einzige wassertechnische Problem: die Sans Sault Rapids, unterhalb der Ölstadt Norman Wells, und die Ramparts, oberhalb von Fort Good Hope. An den Sans Sault Rapids muß man sich links halten; in den Ramparts auf Schwellen und ein paar weit verstreute Blöcke achten.
Wer sich an diesen Stellen nicht sicher fühlt, der warte ab, bis eines der mächtigen Schubschiffe stromab fährt und folge dessen Kurs!

Der *Liard River* gehört zu den mächtigsten Wildströmen Nordamerikas. Sein Einzugsgebiet ist mit 55000 Quadratmeilen halb so groß wie die BRD. Fahrbar ist der Liard – mit allen Einschränkungen und Vorbehalten – auf einer Länge von rund tausend Kilometern.
Der Strom war der blanke Terror für die Männer der Hudson's Bay Company und die Klondikers. Die wenigen, echt abenteuernden Kanuten der Moderne sprechen gleichfalls mit dem größten Respekt und Hochachtung von dem »North West Branch« des mächtigen Mackenzie – wie der »Rivière aux Liairds« ehedem genannt wurde. Heutzutage ist es einfacher geworden, an ihn heranzukommen. Fünf Meilen oberhalb von Watson Lake schwingt sich der Alaska-Highway über das Liard-Tal. Zwei Tage lang kann man sich dem Versuch widmen, sich mit dem Strom zu arrangieren; dann zwängt sich der Liard durch den Little Canyon, unterhalb der Mündung des Dease River. Die Fahrrinne ist eng und gewunden; einige Längswalzen würzen den ohnehin schon scharfen Braten. Für eine Reihe von China-Männern auf dem Weg zum Klondike war der Little Canyon die absolute Endstation und das letzte, was sie vom grandiosen Nordwesten Kanadas zu Gesicht bekommen sollten.
Zwei Meilen unterhalb der Mündung des Kechika River donnern die Mountain Portage Rapids (3/4 Meile), und danach folgt der Whirlpool Canyon, den McConnel vom Geological Survey of Ca-

nada schon Ende des vergangenen Jahrhunderts eindrucksvoll beschreibt:
»Das Benehmen des Wassers ist in den einzelnen Bassins des Canyons sehr eigenartig. Es scheint nach allen Richtungen zu fließen und sich dabei in Kreuz- und Querströme aufzulösen. In der unteren Enge im zusammengepreßten Strom stehen drei häßliche Wirbel. Während das Wasser in die Strudel hinuntergesaugt wird, schießt es in mächtigen Wallern wenig unterhalb wieder ans Tageslicht. Dabei entsteht ein Lärm, der wie das Rumpeln eines entfernten Donners klingt.«
Die Portage Brulé (30 Meilen oberhalb von Liard Crossing) ist eine fürchterliche Schinderei (2 Meilen). Ebenfalls unpassierbar sind die Devil's Rapids unterhalb dieses Ortes. Den schwierigsten Abschnitt, den »Grand Canyon of the Liard«, umgeht man am besten auf dem Alaska-Highway (bis Fort Nelson, dann den Muskwa und Fort Nelson River hinunter wieder in den Liard, 130 Meilen). Der Grand Canyon selbst ist nur von Könnern zu bewältigen, die vor keiner Strapaze zurückschrecken. Schon die Namen der Schnellen sprechen eine deutliche Sprache: »Rapids of the Drowned«, »Boiler Canyon«, »Hell's Gate«.
Nach dieser Teilstrecke ist der Liard immer noch ein Wildstrom in menschenleerer Urlandschaft. Leider ist das Wasser so sedimentgesättigt, daß es wie trüber Milchkaffee aussieht.
40 Meilen oberhalb von Fort Simpson heißt es wieder aufpassen! Dort rauschen die Beaver Dam Rapids (15 Meilen lang), die aber für den aufmerksamen Flußfahrer kein Problem darstellen.
Im Gegensatz zum Liard sind die aus den Mackenzie-Bergen strömenden und direkt in den Mackenzie-Strom mündenden Flüsse eher Kajak- als Kanugewässer; es sei denn, auch in Kanada setzt sich das Kanu mit Oberdeck bzw. mit gut sitzender Spritzdecke durch. Dafür bieten sie ein Nonplusultra-Abenteuer in einer wilden Gebirgslandschaft, die ihresgleichen sucht.
Nach der Schneeschmelze wird hier das Wasser immer knapper, und im Herbst sucht nur noch ein müdes Rinnsal seinen Weg durch weite Geröllfelder. Die beste Reisezeit ist der Monat Juli.
Eine ebenso zweckmäßige wie außergewöhnliche Art, auf diesen Flüssen zu reisen, hatten die Hare- und Slave-Indianer entwickelt. Im Spätwinter zog die ganze Gesellschaft einschließlich der Frauen und Kinder auf Hundeschlitten die zugefrorenen Flüsse hinauf zu den Jagdcamps.

Nach Aufbruch des Eises bauten die Männer aus Treibholz Bootsgerippe von zehn oder zwölf Meter Länge, während die Frauen die Häute von den erlegten Elchen zusammennähten. Acht bis zehn dieser Decken brauchte man, um ein solches »Schiff« zu überziehen; die Bauzeit betrug insgesamt etwa eine Woche. Dann lud man die ganze Habe, Kind, Kegel, Frauen und Hunde ein und schipperte los. An gefährlichen Stellen wurde das Boot geleichtert. Frauen, Kinder und Hunde liefen am Ufer entlang, während die Männer das Boot weiterbrachten – und in einem Falle alle ertranken. Die »Walking Baggage« wurde von anderen kompetenteren Skippern aufgenommen und der eigenen Sippe bzw. Besitz einverleibt.
Zu Hause – oder besser: im Sommerlager – angekommen, zogen die Indianer die Häute von den Spanten und Senten herunter, fertigten daraus Kleidungsstücke, Mokassins und Ähnliches. Ich habe selbst 1968 in Fort Liard noch ein solches Boot gesehen: kein schönes, aber zweckmäßiges Fahrzeug. Sein Besitzer erklärte mir, die größte Gefahr sei, daß die Hunde in einem unbewachten Augenblick während der Reise Teile des Bodens oder der Bordwand herausrissen und auffräßen – da müsse man sehr auf der Hut sein...
Doch zurück zu den Flüssen der Mackenzie-Berge!

Da ist der *South Redstone.* Ab Dal Lake (erreichbar mit Buschflugzeug ab Norman Wells) sind es 170 Meilen bis zur Mündung. Der Schwierigkeitsgrad ist bis WW 4.

Der Ausgangspunkt zum *Mountain River* ist wieder die »Ölstadt« Norman Wells am Mackenzie. Bis zu seiner Mündung sind es 145 Meilen. Der Einsatzpunkt ist ein namenloser See auf 64° 27′ Breite und 129° 40′ Länge. Allerdings ist eine Fünf-Meilen-Portage bis zum Mountain River erforderlich (zuerst zu zwei kleinen Seen, dann direkt zum Fluß). Ein anderer See (64° 7′ und 129° 50′) liegt günstiger, nur eine Meile südlich des Flusses, ist aber kleiner, und es hängt vom Piloten und dessen Maschine ab, ob er hier landen will bzw. kann. Auf diesem Fluß sind vier Canyons zu befahren. Zwischen Meile 100 bis 63 (von der Mündung an gerechnet) ist schweres Wildwasser!

Natla und Keele River dagegen erreicht man am besten von Ross

River im Yukon. Einsatzpunkt ist der O'Grady Lake, den der Natla River durchfließt. Der Natla ist ein schwieriger Wildfluß, während der Keele relativ einfach ab der Mündung des Natla auf 180 Meilen (hier kann ein Wasserflugzeug landen) zu machen ist, auch im offenen Kanu. Gesamtstrecke: 250 Meilen.

Einen ganz anderen Charakter hat der *Hare Indian River,* ein östlicher Zufluß des Mackenzie. Bei uns in Europa würde er als Bummelfluß durchgehen, in den Northwest Territories ist er eine Straße – die einzige, die durch die Wildnis führt! Die beiden Quellseen erreicht man nur mittels Wasserflugzeug. Wer sich die strapaziöseste Strecke ersparen will, der beginne auf dem zweiten See! Danach gibt es keine wassertechnischen Schwierigkeiten mehr. Die Gesamtlänge ist 160 Meilen. Eine Angel gehört unbedingt zur Ausrüstung. Äschen, Hechte und Inconnues (eine Weißfischart) füllen die Fourage-Kiste auf.

Die subarktische Tundra

Zwischen dem Tal des Mackenzie und der kalten Hudson Bay dehnt sich ein riesiges, menschenleeres Gebiet – die »Barren Grounds«, die subarktische kanadische Tundra, das Land »bar« von höherer Vegetation.

»Barren« steht zwar für unbewohnt, aber nicht für unbelebt. Hunderttausende von Caribous (von ursprünglich einigen Millionen) wandern immer noch im Herbst nach Süden in Richtung Waldgrenze; sie ziehen einen Kometenschweif von Wölfen hinter sich her; Elche stehen in den flachen Seen; Moschus-Ochsen wurden wieder angesiedelt; Barrenground Grizzlys – riesige, graue Bären – graben nach kleinen Erdhörnchen; Millionen Gänse, Enten, Taucher und Wildschwäne haben hier ihre Kinderstube.

Auch diese Urlandschaft – eine der letzten unseres Erdballs – öffnet ihre Tore, wenn auch nur für sechs bis zehn Wochen für den, der mit dem kleinen, tragbaren Boot, mit dem Kanu, seinen Weg über die Ströme, Flüsse und die unzähligen Seen sucht.

Die Natur setzt enge zeitliche Grenzen: die großen Seen brechen erst Mitte Juli auf, und schon ab Mitte August schränken schwere Herbststürme die Reisemöglichkeiten ein, machen vor allem das Queren von großen, offenen Wasserflächen unmöglich.

Nicht immer waren die »Barrens« so menschenleer wie heute. Ursprünglich lebten am Rande der Baumgrenze die Inland-Eskimos; ihre Rassegenossen aus den Küstenregionen stießen zur Caribou-jagd weit in das Festland vor. Südlich der Baumgrenze nomadisierten Slave, Copper, Cree und Chipewyan – Indianer, die ihrerseits weite Jagd- und Kriegszüge (gegen die Eskimos) in die Tundra unternahmen.
Samuel Hearne, ein Engländer im Dienste der Hudson's Bay, war der erste Weiße, der diese Terrae Incognitae zwischen 1769 und 1772 betrat. Er reiste mit verschiedenen Indianergruppen per Hundeschlitten, Kanu oder zu Fuß. Er war nicht zu vermessen, diesen Menschen seine zivilisierte Sicht der Dinge aufzudrängen, sondern erkannte ihre Überlegenheit im Umgang mit dieser harschen Wildnis an, lernte von ihnen – und paßte sich an.
Selbstverständlich hatte er, anders als die Indianer, ein festes Ziel, wofür er von seiner Gesellschaft bezahlt wurde, und die gab – wie jedes andere Unternehmen damals oder jetzt – keinen Shilling ohne ökonomischen Hintergedanken aus. Er sollte die sagenhaften Kupfergruben der Copper-Indianer suchen und feststellen, ob diese Vorkommen abbauwürdig seien.
Der erste Versuch schlug fehl. Der Grund war die Anordnung des Gouverneurs Moses Norton in Fort Prince Wales an der Mündung des Churchill River, keine Indianerinnen mitzunehmen. Das machte die Männer aufsässig, mußten sie doch jetzt eine Reihe von Aufgaben übernehmen, die sonst Sache der Frauen waren. Allerdings entsprachen die Aufgaben der rothäutigen Ladies nicht unbedingt den modernen Emanzipationsbestrebungen.
Auf jeden Fall konnte Hearne seinen Boß davon überzeugen, daß es so nicht ging. Zudem engagierte er für seinen zweiten Versuch den Häuptling Matonabee – einen roten Gentleman, der teilweise im Fort aufgewachsen war und angeblich nur das Beste aus der Lebensart seiner Rasse und der der Bleichgesichter sich zu eigen gemacht hatte. Von ihm wird berichtet, daß er gerne spanische Weine schlürfte, ohne sich aber daran zu betrinken – daß er harte Getränke genauso ablehnte wie alle Versuche, aus ihm einen Christen zu machen. Denn in diesem Fall hätte er sich von fünfen seiner sechs Frauen trennen müssen. Auf alle Fälle war Matonabee nicht dazu zu bewegen, sich ohne seine Damen auf die Reise zu begeben, und seine Argumente überzeugten schließlich den sich puritanisch gebärdenden Norton:

»Frauen sind zum Arbeiten da, denn wer macht die Arbeit, wenn die Männer auf der Jagd sind? Sollten wir etwa selbst die schweren Lasten tragen? Eine Frau kann doppelt soviel tragen wie ein Mann! Außerdem bauen die Frauen die Zelte auf, richten die Kleider, kauen die Mokassins weich, kochen und wärmen uns in der Nacht. Frauen kann man mit wenig Geld unterhalten. Wenn sie kochen, lecken sie sich auch die Finger ab – und das reicht in schlechten Zeiten!«
Also sprach Matonabee, und so war das vor zweihundert Jahren bei den Indianern. Hearne beschreibt auch, nach welchen Gesichtspunkten Matonabee sich seine Frauen auswählte:
»Sie brauchten nicht groß zu sein, mußten aber breite Hüften und dicke Schenkel haben; die Backenknochen mußten hoch liegen und die Brüste bis auf den Gürtel hängen.«
Hearne kommentierte voller Verständnis:
»... bei den Beschwerlichkeiten einer solchen Reise, wobei jeder Partner seinen Anteil an harter Arbeit zu leisten hat, wird die anheimelnde Zärtlichkeit im Eheleben wohl mit Recht als zweitrangig angesehen!«
Bereits während der vorangegangenen Expedition hatte Hearne lernen müssen, was es heißt, mit den »Wilden« durch die Tundra zu ziehen: an einem Tag konnte er sich mit Fleisch vollstopfen, bis nichts mehr hineinging – am nächsten Tag mußte er hungern. »Feast and famine« – Völlerei und nagender Hunger – das wechselte wie das Wetter von Schnee zu Regen, von Sonnenschein zu eisiger Kälte. Es passierte nicht selten, daß abgeschabte Lederfelle, überflüssige Riemen, durchgelaufene Mokassins und Ähnliches mit ein paar »Tripes de Roche«, einer Flechtenart, gekocht und heruntergeschlungen wurden. Danach kamen oft sechs, acht Tage, an denen gar nichts aufgetischt wurde. Doch irgendwann lief den Indianern ein Caribou, ein Moschus-Ochse oder ein Grizzly über den Weg – und vergessen waren die schlechten Zeiten; die Bäuche konnten wieder vollgestopft werden.
Hearne erreichte mit den Indianern den Coppermine River und mußte feststellen, daß dieses Gewässer nicht schiffbar war. Sie ließen den »Tross« zurück und patrouillierten am Fluß entlang, bis sie nicht weit von der Mündung auf eine Gruppe von Eskimos stießen, die dort arktische Saiblinge fischten und als Wintervorrat trockneten.
In diesem Augenblick verlor Hearne die Kontrolle über seine Be-

gleiter: wie Raubtiere stürzten sich die Rothäute auf die Eskimos und massakrierten alle, einschließlich der Frauen und Kinder. Etwa dreißig Tote blieben zurück, ohne daß die Überfallenen eine Chance gehabt hätten, sich zu wehren – oder daß Samuel Hearne hätte eingreifen können. Seitdem heißen die Schnellen, an denen das Massaker stattfand: »Bloody Falls«.

Hearne fand schließlich die Kupferminen, eher eine Geröllhalde, auf der kleine Kupferstücke herumlagen, ohne daß die Vorkommen abbauwürdig gewesen wären.

Ein halbes Jahrhundert verging, ehe sich wieder jemand in dieses Gebiet wagte: es war der spätere »Sir« John Franklin, His Majesty's Lieutenant, ein Mariner, der die Expedition so unternahm, wie er es gelernt hatte: er ließ den reglementierten, überheblichen Standpunkt des Militärs regieren. Für ihn waren die Indianer wenig mehr als eine undisziplinierte Fourage-Einheit; für ihn war das Ganze ein Unternehmen, das sich nach den Regeln hierarchischer Disziplin und generalstabsmäßiger Planung erledigen ließ. Es gelang Franklin zwar, einen kleinen Küstenabschnitt zu explorieren, doch verlor er die Hälfte seiner Leute, ein Dutzend Männer und wahrscheinlich auch zwei von deren Frauen und entging selbst nur mit knapper Not mit dem Rest seiner Mannschaft dem Hungertod.

Das endgültige Desaster traf ihn fünfundzwanzig Jahre später, als er – jetzt zum »Sir« geadelt – mit hundertfünf Leuten bei dem Versuch, mit seinen Schiffen »Erebus« und »Terror« die Nordwestpassage zu finden, ums Leben kam.

1835 war es George Back, der den Great Fish River (heute Back River) erfolgreich explorierte;

1892 stieß Frank Russel bis zum Bathurst Inlet vor;

1893/4 reisten die Tyrell-Brüder im Auftrag der Kanadischen Geologischen Gesellschaft mit leichtem Gepäck und geringem personellem Aufwand vom Athabaska Lake den Dubawnt River bis zur Hudson Bay hinunter und auf eigenem Kiel weiter nach Churchill – eine bis heute unübertroffene Leistung! Ein Jahr später explorierten sie ebenso erfolgreich den Kazan River, die Verbindung zwischen Churchill-River- und Thelon-System.

1916 bis 1918 schlug sich eine Streife der Royal Northwest Mounted Police (La Nauze und French) zum Dease River, einem Zufluß des Great Bear Lake und zum Unterlauf des Thelon durch, um zwei des Mordes verdächtige Eskimos dingfest zu machen.

1926/27 verhungerten in der »Thelon-Oase«, einem Waldgebiet in der Tundra, John Hornby, Harold Adlard und Edgar Christian. Christians Tagebuchaufzeichnungen sind ein ebenso erschütternder wie minuziöser Bericht der Tragödie.

Dazwischen stießen ein paar Pelzhändler und Strychnin-Trapper weit in die Barrens vor, brachten den Copper-Indianern und Inland-Eskimos allerhand Krankheiten neben den Segnungen der Zivilisation. Als die Fellpreise fielen, führte eine Hungersnot zu ihrem Ende, nachdem diese Menschen von der Zivilisation abhängig geworden waren und sich niemand um sie kümmerte.

Vorher schon waren die Moschus-Ochsen zusammengeschossen, die Caribou-Herden durch effektivere Jagdmethoden auf ein Zehntel ihres ursprünglichen Bestandes reduziert und die Existenzgrundlage der Ureinwohner vernichtet worden.

Nach dem Krieg kamen die modernen »Voyageurs«: Leute, die mit den Barrens nichts weiter im Sinn hatten, als sie mit dem Kanu zu durchfahren. Einer von diesen Pionieren, Arthur Moffat, kam auf dem Dubawnt in Zeitnot, fuhr eine Reihe von Stromschnellen, ohne sich vorher von ihrer Fahrbarkeit zu überzeugen. Er starb nach einer Kenterung an der Mündung des Dubawnt an Unterkühlung.

Seitdem kommt in jedem Jahr eine Handvoll Leute, die sich an Thelon, Dubawnt, Back und Kanzan heranwagen und per Kanu durch die menschenleere Urlandschaft reisen.

Einer von ihnen ist Eric Morse, der eine bemerkenswerte Leistung vollbracht hat. Während dreier Sommer hat er die gesamte Strecke zwischen Beringsee und der Hudson Bay abgefahren, die komplette »Nordwest-Süßwasser-Passage« also, wie er sie nennt.

Diese Passage, die glücklicherweise keinerlei verkehrstechnischen Wert hat und deshalb ein paar »verrückten« Wildnisfans vorbehalten bleibt, beginnt am Chesterfield Inlet an der Hudson Bay, geht den Thelon und Hanbury herauf, den Snare und den Camsell hinunter bis zum Great Bear Lake; weiter über dessen Abfluß bis zum Mackenzie, dieses mächtige Gewässer stromab bis zum Mündungsdelta, dann den Peel und Rat River hinauf zum Summit Lake auf dem McDougall-Paß und schließlich Little Bell, Bell, Porcupine und Yukon hinunter bis zur Beringsee. Ab Little Bell River ist das eine Dreitausend-Kilometer-Reise ohne eine einzige Portage! Eine der letzten, hindernisfreien Großfahrten, die überhaupt noch möglich sind!

Die Strecke davor beträgt etwa 2000 km, das macht insgesamt 5000 km, und wer das alles nachvollziehen will, der braucht dazu mindestens drei Sommer! Morse nennt es das größte Erlebnis, das überhaupt noch auf den passionierten Kanuten und Wildnis-Enthusiasten wartet.

Der Jolly Lake ist der wichtigste Ausgangspunkt für Fahrten durch die Barren Grounds (130 Meilen von Yellowknife in nordöstlicher Richtung). Von hier geht es zum Coppermine (250 Meilen, zum Teil schweres Wildwasser), zum Great Bear Lake und Chesterfield Inlet, dem Endpunkt einer Thelon-River-Fahrt.

Morse spricht von drei Hauptproblemen, denen sich der Abenteurer auf Zeit zu stellen hat:

die Bewältigung der Stromschnellen
die Stürme auf den großen Seen und
die Orientierung.

Hierzu einige Erläuterungen: Von der 700-Meilen-Strecke zwischen Jolly Lake und Chesterfield Inlet müssen etwa 12 Meilen mit dem Kanu auf dem Buckel abgeleistet werden. Die Portagen sind ausnahmslos am Hanbury. Ist erst der Thelon erreicht, braucht man theoretisch auf 350 Meilen sein Boot nicht mehr zu verlassen! Die Steingärten am Fuße der Hanbury-Schnellen verändern sich übrigens von Jahr zu Jahr. Die bis zu drei Meter dicken, Hunderte von Tonnen schweren Eisklötze, die während des »Break-up« hier herunterdriften, schieben wie mächtige Bulldozer die Felsblöcke aus dem oder in den Weg. Da heißt es auf Nummer Sicher gehen – und im Zweifelsfalle tragen.

Apropos tragen: am Anfang rechnet man mit ca. 100 Pfd. Verpflegung und Ausrüstung pro Mann – hinterher wird's weniger. Doch – wie das Schicksal so will: auf der Thelon-Strecke hat man dann die Portagen hinter sich!

Das zweite Problem bringt die größten Schwierigkeiten mit sich: der Wind. Es ist nicht vorauszusehen, wann, aus welcher Ecke und mit welcher Intensität er bläst. Vor allem auf den großen Seen heißt es warten, zwei, drei oder auch acht Tage. Bei einer Kenterung in einiger Entfernung vom Ufer wären die Überlebenschancen wegen der Kälte des Wassers gleich null. Also heißt es fahren, fahren, nochmals fahren, wenn die Verhältnisse günstig sind, sich auf den Zeitplan einen Vorsprung schaffen und, wenn's knapp wird, auch nachts fahren – hier wird's im Sommer nicht dunkel.

Ebenfalls wird darauf hingewiesen, daß man sich beim letzten

RCMP-Posten abzumelden hat – und die Wiederanmeldung nicht zu vergessen!
Für Reisen durch das Thelon-Schutzgebiet (Moschus-Ochsen) ist eine Genehmigung des Superintendent of Game, Government of the Northwest Territories, Yellowknife/N. W. T., erforderlich.
In den Barren Grounds braucht man ein Gerät, auf das man überall sonstwo in Kanada verzichten kann: einen kleinen Kocher mit dem Brennstoff dazu sollte man einstecken. Treibholz ist rar.
Die Hudson's Bay Company vermietet Boote auf der Strecke Yellowknife–Chesterfield Inlet (800 Meilen), bzw. Coppermine (600 Meilen) sowie zwischen Fort Providence und Inuvik (700 Meilen).
Zum Schluß zur Orientierung: in den Barrens, in der Nähe des magnetischen Nordpols, ist ein Kompaß eine ziemlich nutzlose Sache. Da hält man sich besser an die Sonne und eine richtiggehende Uhr! Der richtige Umgang mit Karten dürfte zu den Selbstverständlichkeiten gehören; Luftaufnahmen sind im Inselgewirr vor schwierig zu findenden Abflüssen eine große Hilfe. Wichtig ist es, immer wieder seinen Weg auf der Karte zu verfolgen, seinen Standort zu wissen, auch dann, wenn hierfür scheinbar keine Notwendigkeit besteht!
Auf der Fahrt vom Jolly Lake zum Mackenzie dagegen ist man im subarktischen Wald in einer vielleicht weniger eindrucksvollen, dafür aber anheimelnderen Landschaft.

Der *Snare River* hat seinen Ursprung – anderthalb Meilen vom Jolly entfernt – in einer Kette von kleinen Seen. Die Rinnsale dazwischen sind nicht fahrbar. Vier von dreizehn Meilen müssen getragen werden! Danach sind die meisten Schnellen fahrbar. Ab dem Winter Lake (hier lag Fort Enterprise, das Basislager von Franklin), wo die Route zum Coppermine abzweigt, wird aus dem Snare ein richtiger Fluß.

Nach dem Verlassen des Snare Lake stürzt sich das Gewässer in wilden Katarakten in ein paar unfahrbare Canyons. Um diesen Abschnitt führt eine Kette von neun kleinen Seen in südlicher Richtung herum. Nach etwa sieben Stunden Reisezeit stößt man wieder auf den Snare.

Entweder am Indian oder Kwejinne Lake verabschiedet man sich vom Snare und folgt einer von mehreren möglichen Routen über den Sarah oder Faber Lake zur Quelle des *Camsell River.* Dieser ist eher eine Seenkette und ein Teil der Route, die vom Great Slave zum Great Bear Lake führt – eine sehr hübsche, doch auch schwere Strecke!

Der riesige *Great Bear Lake* mit seinem glasklaren Wasser, seinen mächtigen Seeforellen (bis zu fünfzig, sechzig Pfund) ist für ein kleines Boot eine herrliche, aber auch enorm gefährliche Sache!

Über den *Great Bear River* gehen die Informationen auseinander:
Eric Morse spricht von einem wunderschönen 80-Meilen-Trip ohne Portage. Die Offiziellen in Yellowknife dagegen raten ab, zu flach sei der Fluß, eine 8-Meilen-Portage sei erforderlich. Jedenfalls – und das habe ich selbst gesehen – ist das Wasser grünklar, Wasser, wie man es kaum noch irgendwo anders sieht.
Wie es dann weitergeht, wissen wir »aus eigenem Erfahren«: von der Mündung des Great Bear River geht es den Mackenzie hinunter bis zum Delta und den Peel hinauf zum Summit Lake. Die folgende Strecke zum Porcupine und Yukon ist die leichteste von allen. Doch auch an ihr hat man einen ganzen Sommer zu knabbern!
Zu den Northwest Territories gehören auch die Arktischen Inseln. Die größte von ihnen ist Baffin Island. Ein phantastisches Gebiet für Tundra-Wanderer, Angler – aber auch Kanuten!

Eine Adresse:

Rainbow Adventure Tours Ltd.
David Howe
3089 3rd Ave.
Whitehorse/Yukon
Y 1A 583

(Bootsverleih und Organisation von ausgefallenen Touren im Yukon, den N. W. T. und Alaska. Die deutsche Vertretung hat Roland Kiemle.)

Angeln im Norden Kanadas

An seinen fünf Fingern kann man sich abzählen, daß hier jungfräuliche Gewässer auf den Kuß des Prinzen, sprich: Anglers, warten! Die Toptrophäe in den nach Norden entwässernden Flüssen ist der Arktische Saibling. Zwar gibt es auch im Yukon-System Lachse, doch nach der 2000-Meilen-Reise durch Alaska ist der Lack für den Sportfischer ab, d. h. die Lachse nehmen keinen Köder mehr, das Fleisch fällt ihnen gewissermaßen von den Gräten – sie sind schon ziemlich angegangen. Doch von erstgenannten ist kürzlich ein knapp dreißigpfündiges Exemplar gefangen worden – und wenn das nichts ist!
An zweiter Stelle stehen die Binnensee-Forellen, die Laker. Berühmt sind die klaren Wasser des Great Bear Lake, in denen immer noch Behemoths von fünfzig und mehr Pfund schwimmen! Allerdings werden auch hier die Chancen immer kleiner, denn es dauert ein Menschenalter, bis ein solcher Methusalem herangewachsen ist. Glücklicherweise geht man mehr und mehr dazu über, sich mit ihm – damit die Daheimgebliebenen es glauben – fotografieren zu lassen und dann den dicken Fisch wieder in sein Element zu entlassen, mit dem Rat, nächstens vorsichtiger zu sein!
Gleich danach rangieren die Hechte, und da sind Vierzigpfünder keine Seltenheit!
Doch der Allerdickste schwimmt im Mackenzie, und das ist der Ling oder Loche, der Wels. Da soll es Brocken von drei- und vierhundert Pfund geben. Die Indianer fangen sie ab und an, und dann muß sich der halbe Stamm versammeln, um das Vieh zum unfreiwilligen Landgang zu veranlassen. Ich habe noch nicht gehört, daß sich je Sportfischer um die Welse gekümmert hätten.
Ähnlich steht es mit dem Inconnu, dem großen Unbekannten aus dem Norden, der zur Weißfischsippe gehört. Zehn bis fünfzehn Pfund ist das Normalgewicht dieser Schuppenträger; es gibt aber auch welche, die es auf das Zehnfache bringen!
Äschen gibt es allenthalben, wobei die Gebirgsflüsse des Yukon die besseren sind, auch kapitale Dolly Vardens. Und nochmals – die meisten Gewässer sind noch unberührt! Wer sich mit Kanu und Zelt von einem Buschpiloten irgendwo absetzen läßt und einen Fluß oder eine Seenkette befährt, für den wird's todsicher – als Angler und Wildnisenthusiast – das Erlebnis seines Lebens.

Adressen:

Yukon Department of Travel and Information
P. O. Box 2703
Whitehorse, Yukon/Canada

Northwest Territories Tourist Promotion Section
Travelarctic
Yellowknife, N. W. T./Canada

Bücher über die Northwest Territories und den Yukon:

Berton, Pierre, »Klondike«, McClelland and Stewart, Toronto

Engel, Elmar, »Kanada Story«, Busse, Herford

Frison-Roche, »Nahanni«, »Bei den letzten Jägervölkern«, List, München

Engel/Kiemle, »Abenteuer-Almanach Yukon/Alaska«, Umschau, Frankfurt

Houston, James, »Weiße Dämmerung«, Rowohlt, Reinbek bei Hamburg

Kwaterowsky, »Jagen unterm Nordlicht«, Paul Parey, Hamburg

McGill, Jean, »Northern Adventure«, Highway Bookshop, Cobalt, Ontario

Meissner, Hans-Otto, »Wildes rauhes Land«, Bertelsmann Sachbuchverlag, Gütersloh

Mowat, Farley, »Ein Sommer mit Wölfen«, Engelbert, Balve

Patterson, R. M., »The Dangerous River«, Gray Publishing, Sidney, B. C.

The Royal Geographic Society, 488, Wilbrod Street, Ottawa, Ontario, in den Sonderdrucken: Nr. 205 »Canoe Routes of the Voyageurs«, Nr. 220 »Fresh Water Northwest Passage«, Nr. 223 »Summer Travel in the Canadian Barrens«

Service, Robert, »Songs of a Sourdough«, (erhältlich in mehreren Taschenbuch-Ausgaben)

Kanadisches Kaleidoskop

Survival: Trotz allem ist es passiert – was nun?

Das Boot ist nach einer Kenterung in einen donnernden, weißbrodelnden Katarakt getrieben; die beiden Besatzungsmitglieder haben es gerade noch geschafft, klatschnaß zwar, aber sonst im wesentlichen unbeschadet, an Land zu kriechen. Was nun?
Zuerst sollten sie am Ufer entlangrennen und sehen, ob da nichts angetrieben kommt. Gut verpacktes Zeugs schwimmt meist und kann im Unterwasser geborgen werden.
Doch nehmen wir einmal an, es ist alles weg – restlos. Eine Situation, die zwar nicht alltäglich, aber doch vorstellbar ist. Viel eher aber – und viel weniger dramatisch: da sind mal zwei schnell an Land gegangen. Jeder hat vom anderen gedacht, daß der andere und nicht er selbst das Kanu anbindet – und ein ablandiger Wind hat das Kanu und die ganze Habe auf den weiten, offenen See hinausgetrieben. Sie sehen es noch schwimmen – ein Punkt auf den Wellen. Und auch der verschwindet.
Sich da gegenseitig anbrüllen und die Schuld in die Schuhe schieben, hilft gar nichts. In Panik geraten, wäre das Verkehrteste, was man tun kann!
Gut ist, zuerst ein Feuer zu machen, sich trockenzulegen und in Ruhe nachzudenken: wo sind wir? Woher könnte Hilfe kommen? Wie könnten wir uns selbst in Sicherheit bringen? Grundsätzlich ist es zweckmäßig, zu bleiben, wo man ist!
Ausnahme 1: eine Straße läuft parallel zum Gewässer in nicht allzu großer Entfernung vorbei. Zwischen Gewässer und Straße gibt es keine unüberschreitbaren Flüsse oder Seen und zusätzlich so viele Markierungspunkte, daß ein Verirren ausgeschlossen ist.
Ausnahme 2: man weiß mit Sicherheit, daß stromauf oder stromab in einer Handvoll Tagesmärschen (bei schwierigem Gelände sollte man nicht mehr als zehn bis fünfzehn Kilometer am Tag ansetzen) Rettungsmöglichkeiten bestehen. Bei klaren Stromverhältnissen – was im Kanadischen Schild die Ausnahme darstellt – kann man sich aus trockenen Baumstämmen, Treibholz ein Floß bauen und den Fluß hinunterdriften. Doch das ist ein Unterfangen, das ohne Axt schwer zu bewerkstelligen ist.
Vor allem hüte man sich vor einem: einfach in den Urwald hineinzulaufen in der Hoffnung, irgendwo auf etwas Belebtes zu stoßen. Diese Hoffnung geht so gut wie nie in Erfüllung. Wie bereits ge-

sagt: in neun von zehn Fällen ist es richtig zu bleiben und sich auf ein *echtes* Robinson-Dasein einzurichten.
Hoffentlich hat man vorgesorgt und trägt folgende Dinge am Körper:

eine sogenannte Astronautendecke
ein Taschenkompaß
einschenklige Angelhaken und Schnur, zwei, drei kleine Spinner
eine Flasche Insekten-Repellent
wasserdicht verpackte Streichhölzer
ein Röllchen Messingdraht (wird in Kanada als »rabbit wire« gehandelt)
die Landkarte des betreffenden Gebietes
ein Messer
ein Knäuel Bindfaden
Pflaster und elastische Binde
eine kleine Dose mit Salz
Traubenzuckertabletten
ein paar Faden zweizölliges Nylonnetz
ein Stück starke Alufolie
ein Taschenspiegel

Gewiß, eine lange Liste, aber es läßt sich unterbringen. Hilfreich ist dabei eine jener ärmellosen Anglerwesten mit ihren vielen Taschen, die in Kanada für ein paar Dollar zu haben ist. Das Netz kann man bequem am Gürtel in einer schmalen Tasche tragen.
Die erste Maßnahme gilt der Futtersuche. Da dreht man erst mal jeden Stein um – sucht nach einem Köder. Oder probiert mit einem Stück Angelschnur und dem Spinner an einem Weidenzweig, in der Strömung oder in einem Kehrwasser eine Forelle zu fangen, deren Bauchflossen, Augen und Innereien ebenfalls als Köder attraktiv sind.
Über Nacht legt man ein paar von ihnen auf Grund, sucht sich ein paar Holzstücke als Schwimmer, bindet einen kleinen Stein als Anker daran und setzt das Ganze in ein passendes Kehrwasser. Dahinein setzt man auch das oder die Netze. (Der Partner hat ja auch eines!) Und da sollte es mit dem Teufel zugehen, wenn es am nächsten Morgen keinen Fisch zum Frühstück gäbe!
Am gleichen Abend noch suchen die Schiffbrüchigen nach Karnik-

kelwechseln. Das sind schmale, eingetretene Pfade, zwar nicht immer dem ungeübten Auge gleich erkenntlich, doch bei genauem Hinsehen findet man sie. Eine Schlinge ist im Handumdrehen gemacht. Um sicherzugehen, baut man einen künstlichen Engpaß in die Spur. Fünf Schlingen, richtig gesetzt, produzieren normalerweise ein Karnickel. Aus den Innereien macht man wieder Köder, auf die besonders Wels und Stör scharf sind – und wenn man so einen Burschen erwischt, ist die Not für ein, zwei Tage gebannt.

Ja, und was passiert abends? Irgendeinen Schutz wird man ausfindig machen, einen Felsblock, eine Wand oder auch nur eine dichtbeastete Fichte. Eine der Decken kann als Bodendecke oder als Reflektor für das Feuer dienen – wenn da kein entsprechender Fels ist, die andere breitet man über sich. Ausreichend Feuerholz ist fast überall vorhanden; bei einiger Vorsorge können die Flammen die ganze Nacht über lodern, wenn's kühl werden sollte.

Am nächsten Tag versucht man, sich selbst bemerkbar zu machen. Hierfür wählt man sich eine mehr oder weniger offene Fläche aus und bereitet drei im Dreieck angeordnete Feuer vor – im Abstand von etwa fünfzig Metern. Zuerst trockenes Zeug und dann Fichtenzweige, Laub, Gras und ähnliche Rauchsichtzeichen.

Beim ersten Motorengebrumm heißt es dann – nichts wie hin – und das Ganze entzünden. Ein überfliegender Buschpilot wird sehen, daß da unten Not am Mann ist und die entsprechende Rettungsaktion in die Wege leiten. Dem Feuer kann man mittels eines Taschenspiegels nachhelfen und versuchen, den Luftskipper anzublinken und auf sich aufmerksam zu machen. Der Platz sollte so ausgesucht sein, daß der Pilot in der Nähe wassern kann.

Tut sich nach drei oder vier Tagen nichts, hat es keinen Sinn, in Panik zu geraten und dann doch loszumarschieren. Hat man sich entschieden zu bleiben, d. h., wenn alles andere zu risikoreich erscheint – dann muß man's durchhalten. War der Entschluß falsch und es kommt niemand, darf man sich damit trösten, daß es unangenehmere Todesarten gibt, als zu verhungern! Doch bis dahin vergeht recht viel Zeit – in der Regel vier Wochen.

Die Segel – heißt!

Wäre das Kanu nicht wesentlich universeller – in Kanada würde ich segeln! Kein Land der Welt hat größere, vielgestaltigere und abenteuerlichere Segelreviere. In Anbetracht der gegebenen Möglichkeiten steckt der Segelsport in den Kinderschuhen.
Das ist beileibe nicht immer so gewesen.
Die Segelschiffahrt hat in Neufundland und Neu-Schottland eine lange, großartige Tradition. Wenn auch nicht so sehr auf der sportlichen, so doch auf der »berufs«-seglerischen Seite.
Herrliche Schiffe waren die Neufundland-Schooner und die »Salt-Banker« aus Neu-Schottland – Schiffe, von den besten und härtesten Seeleuten der Welt geführt. Die englische Royal Navy konnte sich zu ihrer Rolle als Beherrscherin der sieben Meere nicht zuletzt nur deshalb aufschwingen, weil sie so ein gutes Reservoir an Matrosen in den Maritimes und mit den Grand Banks einen Test- und Exerzierplatz für Schiff und Mannschaft zur Verfügung hatte.
Josuah Slocum war in Neu-Schottland geboren, der mit seiner »Spray« als erster allein die Welt umsegelte. Einer der schnellsten Gebrauchssegler der Welt, heute noch ein nationales Denkmal, war der in Lunenbourg, Nova Scotia, erbaute Schooner »Bluenose«.
Manche erwarteten die legendären Erfolge der »Bluenose« nicht. Als schlechtes Omen wurde angesehen, daß der Duke von Devonshire beim Stapellauf den Bootsnagel verfehlte, den er in eine Planke schlagen sollte. Der hohe Herr aus dem ehemaligen Mutterland gab sich alle Mühe – doch traf nicht. Weder beim ersten-, noch beim fünftenmal. Die Honoratioren waren verlegen bis entsetzt. Bis der Architekt W. J. Rose der Exzellenz den Hammer aus der Hand nahm und mit einem Schlag den Nagel in die Planke trieb. Er soll dem Vernehmen nach beim Duke eine Fahne bemerkt haben, die mit dem Union Jack nicht einmal die entfernteste Ähnlichkeit hatte.
Doch erwies sich die Exzellenz, die zu tief ins Glas geschaut hatte, als glückbringendes Omen.
Die »Bluenose« gewann alle Rennen, an denen sie teilnahm, und reiste zwischendurch zu den Neufundland-Bänken, um Salzfisch in ihren Heimathafen Lunenbourg in Neu-Schottland zu bringen. Nach dem Krieg wurde sie abgetakelt und in die Karibik verkauft.

Mit einer Ladung Bananen lief sie vor Haiti auf ein Korallenriff und sank – das war im Januar 1946.
Eine naturgetreue Nachbildung, die »Bluenose II«, von einer kanadischen Bierbrauerdynastie in Auftrag gegeben, läuft seit einigen Jahren wieder jeden Sommer von Halifax aus und entfaltet in der meist frischen Brise vor »Kanadas ozeanischem Spielplatz« (wie Nova Scotia sich gern nennt) ihre weißen Schwingen. Doch ist sie im Vergleich zu ihrer älteren Schwester eine lahme Ente – obwohl sie nach den gleichen Plänen, unter Assistenz desselben Architekten gebaut wurde. Warum? Niemand weiß es. Es scheint, daß Segelschiffe etwas nicht Meßbares haben; so etwas wie nicht kopierbare Kunst sind.
Kanada hat die längste Salzwassergrenze der Welt. Schon die Südwestecke, mit der wir beginnen wollen, ist ein Revier der Superlative. Es sind die Gewässer zwischen der Stadt Vancouver und der gleichnamigen, vierhundert Kilometer langen Insel, die wie ein gewaltiger Wellenbrecher und Regenfänger vor dem Festland liegt. Hier herrscht dank des Kuro-Schiwo-Stromes (dem pazifischen Gegenstück zu unserem Golfstrom) ein sehr angenehmes Klima, das dem von Südwest-England vergleichbar, aber sonniger ist. Wer will, kann die Einsamkeit abgelegener Inseln und den Weltstadtbetrieb von Seattle (US-Visum im Paß nicht vergessen!) oder Vancouver als Wechselbad genießen. Im Hintergrund baut sich eine phantastische Hochgebirgsszenerie auf, die Vegetation ist von einer subtropischen Üppigkeit bis in die tiefen, einsamen Fjorde im Norden hinein – wo allerdings die Regenmenge drastisch zunimmt.
Die »Inland-Passage«, über die man sich meist am offenen Pazifik vorbeidrücken kann, führt bis hinauf nach Skagway, nach Alaska. Eine Reise, wie geschaffen für einen Motorsegler, aber auch per Passagierschiff ab Seattle oder Vancouver machbar.
Weiter im Landesinnern von British-Columbia gibt es tausend Möglichkeiten, eine Jolle zu Wasser zu lassen und auf einem von einer grandiosen Bergwelt umrahmten See herumzuschippern!
Östlich davon, in den Provinzen Alberta, Saskatchewan und Manitoba, liegen die wirklich interessanten Seen zu weit im Norden und sind, wenn überhaupt, nur über lange, staubige Pisten zugänglich.

Die »Bluenose II« vor der Küste von Nova Scotia

Anders ist es mit Ontario, mit den Großen Seen im Süden. Diesen Binnenmeeren sollte man denselben Respekt zollen wie der offenen, salzigen See! Am Lake Superior kann man Segelboote leihen; – über die besonderen Tücken dieses Gewässers ist bereits gesprochen worden. Zivilisierter geht's dagegen in der Georgian Bay des Lake Huron zu, ebenso wie im angrenzenden North Channel, einem Teil der klassischen Kanuroute, mit den über dreißigtausend Inseln, dem klaren Wasser und den im Sommer ziemlich gleichmäßig von Westen her wehenden Winden. (Adressen siehe Anhang!)

Ein anderes, sehr schönes und großes Revier ist der Lake of the Woods. Ob hier jemand Segelboote verleiht, ist mir nicht bekannt. Motor- und Hausboote aller Größen und Typen dagegen kann man an fast allen Plätzen, die dem Wassertourismus huldigen, mieten.

Quebec ebenfalls hat wunderschöne Gewässer, bietet leider kaum Möglichkeiten, eine Yacht oder auch nur eine Jolle zu mieten. Eine Möglichkeit, sofern man Zeit hat und über etwas Geschick verfügt, ist die Do-it-yourself-Methode. Rund um den St.-Lorenz-Golf liegen Dutzende von Fischerdörfern, und in jedem dieser Dörfer gibt es eine ganze Reihe von »Motorbooten« oder »Trap-Booten«. Das sind kleine Kutter, die meist von vorsintflutlichen Zweitaktern, den »Atlantics« und »Acadias«, angetrieben werden. Je nach Alter sind diese sieben bis zehn Meter langen Schiffe recht tüchtige Fahrzeuge, die mit wenig Geld zu erstehen sind (zwei- bis fünfhundert Dollar) und zu Motorseglern umgerüstet werden können. Hierfür muß man noch mal einen halben Tausender veranschlagen.

Allein der Kauf eines solchen »Schiffes« kann schon ein aufregendes Abenteuer sein, wie es Farley Mowat (»The Boat Who Wouldn't Float«) und wir selbst es erlebten. Doch zurück zum »Schiff«: unter den Kiel werden ein paar Klötze gehämmert. Es werden Bäume gefällt. Drei Tage später sind sie eingesteppt und verstagt (ich weiß, jeder feine Yachteigner wendet sich mit Entsetzen ab). Irgendwelche Haushaltsnähmaschinen ratterten über lange Canvas-Bahnen (»nicht möglich«, sagen die Segler), in neufundländischen Wohnstuben fügen sich die Bahnen zu Groß- und Focksegel zusammen. Ein paar Blocks finden sich in Schuppen

Die »Nonsuch«, eine Replica des ersten Schiffes der Hudson's Bay Company

HBC

und Werkstätten. Tauwerk hat die Hudson's Bay Company – eine Gaffelrig ist keine Hexerei! Ein paar tüchtige Felsbrocken geben den Ballast ab, ein paar Sperrholztafeln die Kajüte über dem Vorschiff, und bevor es heißt »off she goes«, was soviel bedeutet wie »Leinen los«, darf der frischgebackene Skipper mit Josuah Slocum sagen: »Sieht sie nicht aus – wie ein Schwan?«
Im Osten der Provinz Quebec wird's hochinteressant und abenteuerlich, wenn man womöglich die Reise am Nordufer des St.-Lorenz-Golfes in der Belle Isle Strait beginnt (eine böse Nebelecke!) und bis hinauf zu den noch unerschlossenen wilden Thorngat Mountains an der Nordspitze Labradors fortsetzt. Der Nebel nimmt – je weiter man nach Norden kommt – an Häufigkeit ab, die Ufer werden gebirgiger; Buchten, Fjorde und Inlandpassagen wechseln sich ab, und dazu fährt man über die besten Salzwasserfischgründe Kanadas! Allerdings ist das Ganze ein Abenteuer, das viel Zeitaufwand und einiges Geld erfordert!
Die Insel Neufundland hat ebenfalls interessante Reviere, wenn auch eher von lokalem Interesse. Ihre Ost- und Südküste ziehen während des Frühsommers sehr häufig die Nebelvorhänge zu!
Südlich davon – in Neu-Schottland – ist das Brackwasser des Bras-d'Or ein sehr gern von Seglern der Neuengland-Staaten besuchtes Gewässer, darüber hinaus lohnen sich die Küsten der gesamten Provinz. Achtung vor der Bay of Fundy: der Gezeitenhub beträgt hier fünfzehn Meter!
Das Department of Tourism, Halifax, Nova Scotia, Canada, gibt eine kostenlose Broschüre heraus: »Sail Nova Scotia«.
Jedenfalls ist in seglerischer Hinsicht das Potential Kanadas für diese unsere – und für ein paar folgende Generationen – unerschöpflich.

Segelboot-Charter

Downer's Yacht Haven
Box 245
Midland, Ont.

Rossport Marina Ltd.
Rossport, Ont.

Serendipity Sailing
649 Niagara Blvd.
Fort Erie, Ont.

The Lighthouse
6788 Zero Ave.
Boundry Bay, B. C.

Adventures West Village
Box 127
Alta Lake, B. C.

The Jib Set Sailing School Ltd.
555 Denman Street
Vancouver, B. C.

Kits Sailing School and Rentals
1502 – W. 2nd
Vancouver, B. C.

Cove Yachts Ltd.
6261 Genoa Bay Road
Duncan, B. C.

Cathay Cottages
R. R. 1, Kye Bay
Comox, B. C.

Ein Kutter für 280 – ein Haus für 100 Dollars!

Monatelang waren wir durch Kanada getrampt; mit der Eisenbahn, auf Dampfern, in Flugzeugen, Autos, doch meistens mit Kanus und Kajaks. Nachts schliefen wir in Bootskajüten, in windschiefen Hütten, Zelten, Blockhäusern, bei Freunden und Fremden, in guten und weniger guten Hotels oder – unter freiem Himmel. Wir lernten den »American way of life« des Südens kennen und den Umgang mit störrischen Indianern und liebenswürdigen Eskimos. Wir erlebten die Hektik der Riesenstädte und die zeitlose Stille der Arktis. Kurz, wir führten während dieser Zeit ein Leben, von dessen Sonnenseiten viele träumen, deren Tagesablauf von Fabriksirenen, Stechuhren oder irgendeinem anderen Stundenplan geregelt wird.
Wir – meine Frau »Schnubbel« und ich. Diesmal fuhren wir über die staubigen Schotterpisten Neufundlands nach Norden. Wir hatten beschlossen, unseren Status »Gast auf der Durchreise« aufzugeben, wir wollten uns ein »Zuhause« einrichten.
Prädestiniert hierfür erschien uns die Südküste Labradors. Die Karten versprachen allerhand: eine reich gegliederte Küste, Inseln, Buchten, Sunde, Fjorde; ein hügeliges Hinterland mit Tausenden von Seen, Flüssen und Bächen; mit ganz wenigen, kleinen Siedlungen, ein Land ohne Eisenbahnen und Straßen.
An der Labrador-Küste würden wir ein Boot brauchen – also warum nicht gleich in Neufundland ein solches kaufen und auf ei-

genem Kiel hinüberschippern? Natürlich durfte es keine teure Yacht sein, sondern eines jener grundsoliden Fischerboote, auf denen die Neufundländer viel eher zu Hause sind als in ihren Dörfern. Neufundländer, das sind die Nachkommen von Bretonen, Basken, Normannen, Schotten, Iren, Portugiesen – eine ganz eigene insulare Mischung Mensch.
Pius Pike, eine dieser knorrigen Typen, war bereit, sein Boot zu verkaufen.
»Sie ist fünfundzwanzig Fuß und acht Zoll lang und sieben Fuß und zwei Zoll breit. Sie ist ein wundervolles Boot!« erklärte er, und deutete auf ein graues Schiffchen, das in der Bucht unter einer Reihe von anderen grauen Schiffchen vor Anker schwoite.
»Okay, Pius, aber bevor wir uns das Boot näher ansehen, was soll es kosten?«
»Sie ist extra für die Labradorküste gebaut, sie ist ein ganz phantastisches Schiff!«
»All right, Pius, nenne mir den Preis!«
»Erst im vergangenen Jahr habe ich einen neuen Boden eingezogen!«
»Wieviel – Pius?«
»Sie ist das Dreifache wert!«
»Das Dreifache von wieviel?«
»Das Dreifache von zweihundertundachtzig Dollar!«
»Pius, du hast es bei mir nicht mit einem verrückten Amerikaner zu tun...«
»Zweihundertachtzig Dollar!«
»Der Kahn ist mindestens dreißig Jahre alt, die Maschine stammt wahrscheinlich aus der Arche Noah...«
»...knapp fünfundzwanzig Jahre alt, Sir!«
»Mr. Pike, laß doch mal mit dir reden. Laß uns in aller Ruhe zusammen überlegen...«
»Keinen Cent weniger, Sir...«
»Einem Neufundländer würdest du das Boot für die Hälfte geben!«
»Sie ist dreimal soviel wert!«
»Pius, sei doch nicht so stur, sagen wir zweihundertfünfzig!«
»No, Sir!«
Muß ich sagen, daß wir zweihundertachtzig bezahlten? An und für sich wenig Geld für ein zwar bestialisch nach Fisch stinkendes, sonst aber schmuckes Schiffchen. Doch unsere Mittel waren wirk-

lich sehr bescheiden. Aufbau der Kajüte, Anstrich, Überholung der Maschine, Pius' Anleitungen würden zusätzliche Kosten verursachen. Nicht, daß Pius Geld für seine Instruktionen verlangt hätte, aber er erwartete, daß entweder ein paar Büchsen – in Neufundland sündhaft teures – Bier oder die entsprechende Alkoholmenge in Form von »moonshine« bereitstanden.
Die wichtigste Erkenntnis, die ich während jener Tage gewann, war die Tatsache, daß man ein neufundländisches Fischerboot und vor allen Dingen seine Maschine nicht als seelenloses Gebilde ansehen darf, sondern als ein Wesen mit einer ganzen Reihe von irrationalen Eigenschaften und Charakterzügen. Die Fischer scheinen eine Art Ehegemeinschaft mit ihren Booten einzugehen, sie personifizieren sie in einer weiblichen Form, sowohl in der Anrede – wie auch im Umgangston, zu dem neben Koseworten unendlich viele Flüche aus den Bereichen der Zoologie, der Metaphysik und der Pornographie gehören.
Schließlich war es soweit, daß wir unser Schiff auf den Namen »Zwiebel« taufen konnten; dann soffen wir mit Pius und dessen Kumpanen noch ein paar Gallonen »homebrew« – illegal gebrautes Bier – und legten unter reger Anteilnahme der Bevölkerung ab.
Mein Verhältnis zur Maschine wurde auf den hundertfünfzig Seemeilen entlang der Küste Neufundlands und herüber über die Belle Isle Strait zwar kein ausgesprochen herzliches, endete aber in gegenseitiger Toleranz und äußerte sich schließlich in einer im großen und ganzen doch produktiven Zusammenarbeit.
Die Südküste Labradors – das war eine meist nasse, schorfigschründige Steinmauer. Der erste Europäer, der von ihr berichtete, der Franzose Jacques Cartier, behauptete schlicht, aber zutreffend, das sei »das Land, das Gott dem Kain gab«. Schnubbel meinte, hier sei es allenfalls möglich, ein Schwalbennest anzukleben. Ich hielt das für übertrieben, mußte aber zugeben, daß der Bau einer Blockhütte in diesem Bereich an dem Nichtvorhandensein von Holz scheitern würde. Viel mehr als Fels und Wasser war weit und breit nicht zu sehen.
Aber noch ein paar Meilen – und das Bild würde sich ändern, das verriet die Karte. Von abstrakten Dingen wie Landkarten läßt sich Schnubbel kaum überzeugen. Ihr Skeptizismus verflüchtigte sich erst, als in der Mauer immer mehr Breschen sichtbar wurden, bis sie zusehends verfiel und sich in Inseln auflöste. In den hintersten

geschützten Gründen der Buchten, die wir abends anliefen, zeigten sich die ersten, wenn auch noch arg zerzausten Fichten. Nach und nach wurden es mehr, sie rückten näher zusammen, wurden zu struppigen, kleinen Wäldern.
Mit unserer vollen Geschwindigkeit von knapp fünf Knoten schoben wir uns schließlich in einen engen Sund, hinter dem wegen ihres oberen Randes die Karte zu Ende war. Und ausgerechnet da, wo für uns Terra incognita begann, fanden wir eine kleine, von steilen Felshügeln eingefaßte Bucht, an deren Ende ein Flüßchen mündete und wo sich im Hintergrund dichter, hoher Fichtenwald breitmachte. Wir paddelten mit dem Kanu in alle Winkel und Ecken, stiegen aus, gingen am Ufer entlang, sahen nichts, was an irgendeine menschliche Tätigkeit erinnert hätte.
»Das und kein anderer ist der Platz!« sagten wir und krochen zufrieden in unsere Kojen.
»Aber wenn das Land jemandem gehört?« gab Schnubbel am nächsten Morgen zu bedenken. Ich war schon dabei, auf einer kleinen felsigen Halbinsel ein entsprechendes Geviert zu roden und fand dabei ein paar Keramikscherben. Das verdichtete Schnubbels Bedenken. Nur widerstrebend ließ ich mich davon abbringen, gleich anzufangen. Wir gingen an Bord und tuckerten die zwanzig Meilen hinüber in das nächste Dorf, um womöglich dort die Besitzverhältnisse zu klären.
Das Dorf heißt St. Augustin und liegt an einer ganz vertrackt zu befahrenden Flußmündung. Über die Sandbänke kamen wir zwar ungeschoren, aber unser Anlegemanöver löste unter der auf der kleinen Pier versammelten Dorfjugend Heiterkeit aus. Auch unsere Frage nach einer Amtsperson war nicht dazu angetan, diese Heiterkeit einzudämmen. Offensichtlich gab es in St. Augustin keine Amtspersonen. Der Pfarrer sei zur Entenjagd; vielleicht könnte uns die Nurse, die Krankenschwester, weiterhelfen, der Lehrer sei auch nicht da. Die Nurse hatte ihre Last mit einem kleinen brüllenden Indianer und dessen Sippe. Ein Angelhaken stak in der Backe der jungen Rothaut, am Haken hingen ein bunter Spinner, ein langes Stück Schnur. Unwirsch sagte die Schwester, sie habe keine Zeit, wir sollten zu Cäsar gehen.
Ich nahm an, die Dame würde statt des Wortes »Teufel« – »Cäsar« benutzen; Schnubbel meinte, es könnte sich um den Namen der gesuchten Amtsperson handeln. Sie hatte recht: der Mayor – oder Bürgermeister – hieß Cäsar. Er war damit beschäftigt, sich mit ei-

nem Messer von den Fleischresten des Mittagsmahles in seinen Zahnlücken zu befreien.

»Weit weg von zu Hause?« fragte er.

»Ja, ziemlich weit – so dreitausend Meilen!«

»Oh, dreitausend Meilen – das ist weit!«

»Eine schöne Gegend ist das hier!«

»Dreitausend Meilen – ist das noch Kanada?«

»Nein, das ist schon Europa, wenn man sich nach Osten bewegt – West Germany, genau gesagt...«

»...aha, West Germany!«

»Eine wirklich hübsche Gegend und ein hübsches Dorf, dieses St. Augustin!«

»Seid ihr mit dem Flugzeug gekommen?«

»Nein, mit einem Motorboot, wir wollten...«

»...den ganzen Weg von West Germany mit einem Motorboot?«

»Nein, nur von Neufundland aus; wir wollten fragen...«

»...ach so, nur von Neufundland.«

»Wir sind jetzt zwanzig Meilen westlich, an der Mündung des kleinen Flusses, der da aus dem Landesinnern kommt, und wollen dort...«

»Und wie seid ihr nach Neufundland gekommen – mit dem Dampfer?« – »Nein, mit dem Flugzeug – aber die Gegend gefällt uns hier so gut, daß wir dableiben wollen!«

»Ist dein Boot ein westdeutsches Boot, Skipper?«

»Nein, wir haben es von Pius Pike in Rocky Harbour auf Neufundland gekauft; wir brauchen es, wenn wir von der Flußmündung nach St. Augustin kommen wollen.«

»Habt ihr unterwegs Enten geschossen?«

»Nein, wir essen lieber Fisch; wir wollen an der Mündung des Kecarpoui...«

»Dann habt ihr bestimmt Forellen gefangen – da wimmelt es von Forellen!«

»Mister Cäsar, können wir bei Ihnen einen Bauantrag stellen?«

»Einen Bauantrag???«

»Ja, einen Bauantrag.«

»Bauantrag – ich weiß nicht recht...«

»Mister Cäsar, wir wollen eine Blockhütte bauen, so zehn mal fünfzehn Fuß, was müssen wir da alles in die Wege leiten?« – »Oh, da müßt ihr zuerst mal an die vierzig Bäume fällen – ungefähr so dick«, (er deutete einen Durchmesser von etwa zwanzig Zentime-

tern an), »dann müßt ihr die Stämme mit verzapften Enden aufeinanderlegen ... ja, dann braucht ihr noch vier Bahnen Plastikfolie, die bekommt ihr im Hudson Bay Store, die Fenster kann euch der Pfarrer verkaufen – wenn ihr wollt, mache ich den Ofen, Nägel gibt es auch im Store und Ofenrohr ebenfalls ...«
»Ja, prima, aber dürfen wir am Stachelschwein-Fluß überhaupt bauen?«
»Bauen dürfen – bauen dürfen – seit wann muß man fragen, wenn man ein Haus bauen will?«
Wir verließen Cäsar, den Bürgermeister, der mit dem Begriff »Baugenehmigung« nichts anzufangen wußte, kauften Axt und Säge, Hammer und Nägel, hielten den Atem an, als uns die Ebbe über die Sandbänke schob und begannen mit dem Fällen der Bäume – wie Cäsar uns gesagt hatte.
Wir sägten sie in etwa drei Meter lange Stücke für die Giebelwände und fünf Meter für die Balken der Längswände. Dann zerrten und schleppten wir sie zum Bauplatz, ich verzapfte sie an den Enden, während Schnubbel die Rinde an der Innenseite abschälte. Als das Bauwerk schon auf halbe Höhe gewachsen war, erhielten wir Besuch von Linus Carter, einem Fischer aus St. Augustin. Linus sah sich eine Zeitlang unsere – seiner Ansicht nach dilettantischen Baukünste an; dann zog er seine Jacke aus und zeigte uns, wie man das richtig macht. Unter der tätigen Mithilfe des »Poliers« Linus konnten wir bald die Dachsparren aufnageln, die Plastikfolie darüberziehen und korbweise Moos auf dem Dach ausbreiten. Danach sägten wir Fenster- und Türöffnungen heraus und nagelten eine Eingangspforte zusammen, die so massiv ausfiel, daß von außen einer ziehen mußte, während sich innen eine zweite Person mit aller Macht dagegen stemmte, um das Werk zum Funktionieren zu bringen.
Schnubbel legte währenddessen den Boden mit Fichtenzweigen aus; das erinnerte zwar ganz fatal an ein Grab an Allerheiligen, roch aber ziemlich gut.
Die Endabrechnung der Baukosten erstellte sich wie folgt:

Nägel	$ 6,40
Scharniere	$ 2,28
Plastikfolie	$ 7,60
Ofen	$ 5,–
Ofenrohr	$ 6,20

Bier (48 Dosen)	$ 13,20
Fenster	$ 10,–
machte also summa:	$ 50,68

Zum Richtfest tranken wir mit Linus noch mal drei Dutzend Büchsen Bier, aßen einen zweipfündigen Hummer, den Linus gefangen, und ein Stachelschwein, das er geschossen hatte. Zum Nachtisch gab es einen halben Eimer gezuckerte Sumpfbeeren und als das Bier alle war, kramte Linus noch eine halbe Gallone »moonshine« aus dem Werkzeugkasten seines Bootes. Wir tranken auch noch den »moonshine«, dann torkelte Linus rülpsend und grölend in sein Boot, brauste mit voller Kraft voraus durch den Ausgang der Bucht auf und davon.

Die Inneneinrichtung zimmerten wir selbst: aus Brettern und Balken Bänke und einen Tisch, dessen Beine wir dann wieder absägen mußten, da er nicht durch die Tür paßte, aus leeren Cola-Kisten einen Wandschrank, und als Bett legten wir in eine durch Baumstämme abgeteilte Ecke eine halbmeterdicke Packung von Fichtenzweigen, und zwar so mit der Krümmung nach oben, daß die unteren dicken Äste eine Art Sprungfederwirkung ergaben, während die oberen kleinen, schmiegsamen Zweige die Unebenheiten ausglichen. Ein regelrechtes Himmelbett im Vergleich zu den harten, engen Kojen auf der »Zwiebel«!

Die Mündung des Stachelschwein-Flusses erwies sich als eine Quelle kulinarischer Kostbarkeiten: hier gab es rote Forellen, silberne Lachse, schwarze Aale und so viele Plattfische, wie wir fangen wollten. Abwechslung in den Magenfahrplan brachten die Miesmuscheln, die wir nur einen Steinwurf weit vor der Hütte fanden, Meerschnecken und Hummer ein paar hundert Meter weiter draußen – und Makrele, Dorsch, Heilbutt, Barsch und weiß ich was sonst noch. Auf dem nächsten Hügel wuchsen Blau-, Preisel- und Multebeeren, auf einer Lichtung fanden wir wilde Johannis- und Himbeersträucher, und nach ein paar Regentagen im September schossen Stein- und Butterpilze sowie Unmassen von Pfifferlingen nur so aus dem feuchten Waldboden.

Entlang des Stachelschwein-Flusses führt ein verwachsener Trail – schon lange ist ihn kein Mensch mehr gegangen. Wir gehen den Pfad, der sich immer wieder verliert. Ein Haselhuhn reckt aufgeregt den Hals – es weiß nicht recht, ob es wegfliegen soll oder sich auf seine erdbraune Sommertarnfarbe verlassen; hundert Meter weiter streichen vier Enten unter entrüstetem »Quorr-quorr« ab; in einem stillen Gumpen klatscht es laut – wir warten eine Weile. Dann steigt ein großer, silberner Fisch hoch aus dem Wasser, dreht sich in der Luft zur Seite und läßt sich wieder in sein Element zurückklatschen: ein Lachs! Ein Fischhabicht ist böse über die Konkurrenz in seinem Revier: zuerst schimpft er aus sicherer Höhe auf uns herunter, dann setzt er zum Sturzflug an, stößt bis dicht über unsere Köpfe herunter und zieht wieder hoch. Nach einer Stunde endet der Trail an einem langgestreckten – etwa einen Kilometer breiten Gewässer – der Stachelschwein-See! Wir beschließen, am nächsten Tag unser Kanu den Fluß hinaufzutreideln, um eine eingehende Inspektion durchzuführen.

Die Sonne ist gerade aufgegangen, als ich, das Boot an der Leine, über glitschiges Geröll hample, wie ein gehbehinderter Frosch von Stein zu Stein hüpfe, mich unter tief herunterhängenden Weiden durchwinde und nicht selten wie ein Klammeraffe an dicken Felsbrocken hänge.

Nur selten kann ich mich in das Kanu schwingen, um einen tiefen, stillen Kolk zu überqueren. Schnubbel spaziert währenddessen am Ufer entlang und pflückt Blumen.

Ganz zum Schluß falle ich dann doch noch herein, zur ganz großen Belustigung meines Weibes. Aber die Sonne scheint jetzt schon warm – auf einer kleinen Felsinsel sind Kleider und ihr Träger nach einem anderthalbstündigen Sonnenbad schon wieder trocken und guten Mutes.

Wir paddeln über den See, schnüffeln in den vielen Buchten herum, fahren einmündende, gewundene Weidenbäche so weit hinauf, wie es geht, fangen zur Mittagszeit ein halbes Dutzend Forellen, reiben sie kräftig mit Salz ein und stecken sie auf grüne Weidenzweige rund ums niedrig brennende Feuer. Fast wäre nichts aus dem »Steckerlfisch« geworden, denn ein eifriger, Wintervorräte heranschaffender Biber lenkt Schnubbel von ihrer Küchentätigkeit ab.

Am Abend fahren wir zum Auslauf des Sees zurück, ziehen unser Kanu weit aufs Land und marschieren müde, aber glücklich »nach Hause«.

So fing es an – vor zehn Jahren. Inzwischen hat sich die Hütte zu einem kleinen Blockhaus gemausert, vor dem statt der »Zwiebel« in Gesellschaft eines Outboarders die »Cauliflower« ankert. Ein paar Gästehütten sind im Busch versteckt, ein Dutzend Kanus über den Seen im Hinterland verteilt, Übernachtungsplätze gebaut, und etwas entfernt, an einem recht intimen Gewässer, haben wir eine Sauna eingerichtet. Doch das Bild, das wir ursprünglich vorfanden, ist geblieben; wir haben alle »Baulichkeiten« so angelegt, daß sie erst ganz aus der Nähe sichtbar werden.

Das Landesinnere ist immer noch ein Spiegelbild der Küste und genauso unbewohnt, wie wir es vorfanden. Sind es draußen die unzähligen Inseln, Felsen und Riffe, sind drinnen genauso viele Seen, Teiche und Tümpel, die das Gesicht dieses Teils von Labrador prägen. Es sind Gewässer aller Größen und Formate, teils von dichtbewaldeten, sanft ansteigenden Hängen, teils von wilden, klotzigen Felsabstürzen eingerahmt. Dazwischen sicheln feinsandige Badestrände, greifen tiefe Buchten in das Land, gruppieren sich felsig-waldige Inseln. In weniger als einer Tagesreise können wir mit dem Kanu zum Kecarpoui, Dinghy's, Mishwap, Middle Cabin, Iron Cabin, Indian, Yellow Boot, Robertson, Deer, Arrow, Mistaken und Pagachou Lake fahren – nur um einmal die größeren Gewässer zu nennen. Dazwischen ist die Karte mit Hunderten von kleineren Wasserflecken gesprenkelt. Insgesamt liegen über dreihundert Quadratkilometer Süßwasserfläche rund um die Kecarpoui-Bucht!

Einige der Seen sind durch Schnellen verbunden – zwischen anderen haben wir die überwachsenen Portagen der Indianer und Trapper ausgeschlagen und erweitert.

In diesen Seen gibt es Fische – vor allem Salmoniden, rote Bachforellen, Binnenlachse, teilweise auch Aale, Hechte und Barben. Und in den Kecarpoui River steigen im Sommer und Herbst die großen, silbernen Lachse auf!

Biber haben an den kleineren Zuflüssen Dämme und Burgen gebaut, mitunter schnüffeln Schwarzbären nach möglichen Überresten der Abendmahlzeit, Otter schauen verwundert hinter den für sie merkwürdigen Fahrzeugen her, und auf jedem See wohnt ein Eistaucherpaar, das tagsüber Uneingeweihte mit diabolischem Gelächter und abends mit klagend-wolfsähnlichem Rufen erschreckt.

Die Hügel rund um die Gewässer sind »barren«, d. h. frei von höherer Vegetation, der Wald beschränkt sich als Galerie auf die Senken, auf die Ufer. Von oben sieht die Landschaft aus wie ein in höchster Erregung erstarrtes Meer. In den Mulden des freiliegen-

den Urgesteins haben sich kleine Hochmoore angesiedelt – da wechselt Rentierflechte mit wildem Rhododendron, Hundsveilchen mit Iris, Orchideen mit Sumpfgräsern und Schachtelhalmen. Und da, wo sich eine Handvoll Krume gehalten hat, stehen in weiten Abständen Krüppellärchen, Zwergkiefern und wetterzerzaustes Fichtengestrüpp.
Vor dem Eingang der Kecarpoui-Bucht dann die Versammlung der Inseln, mit ihrem schütteren Bewuchs den Granitrücken nicht unähnlich, mit ein paar jetzt nicht mehr bewohnten Fischerkaten, deren ausgeblichenes Holz dieselbe Färbung angenommen hat wie die Felsen drumherum. Zwischen den Inseln zwängen sich enge Passagen, von denen ein paar nur bei Flut passierbar sind. Überall Buchten, Fjorde, Sunde, Becken, natürliche Häfen. Die Inseln rücken schließlich weiter auseinander und geben den Blick frei auf das offene Meer – auf den St.-Lorenz-Golf. Eine kalte Schönheit ist dieses Gewässer auch bei gutem Wetter – doch ein Paradies für den Fischer und den Segler. Wie kaum anderswo verzahnen sich Wald, Fels und Wasser, prägen den Lebensrhythmus der wenigen Bewohner in den weit auseinanderliegenden Dörfern.
Ich weiß, ich gerate ins Schwärmen...
Ich sollte mich an die Stürme erinnern, die vor allem im Frühjahr und im Herbst vom Nordosten heranfegen, an den Nebel, der mitunter tagelang Felsen, Wasser, Fischerkaten, Krüppelzeug in ein graues Tuch einschlägt, an die blutgierigen schwarzen Fliegen und die Moskitos im Juli und die Sturzbäche, die während der Gewitter aus den Wolken stürzen und die Trails in schlammige Bäche verwandeln. Vielleicht sollte ich mich an die Flüche erinnern, die beim Portagieren der Kanus anfallen, an den Schweiß, der beim Bau einer Blockhütte vergossen wird, an das harte Geschäft, auf Schneeschuhen nach dem Schneesturm einen neuen Trail zu brechen. Doch – wäre ein Paradies ohne jeden Fehler nicht eine furchtbar langweilige Sache?

Weitere Bücher von Brigitte und Elmar Engel:

Beschrieben sind die Kanutouren, ist das Leben in der Wildnis in den Büchern »Kanada Story« und »Abenteuer Labrador« (Busse, Herford). Ein Wildnis-Kochbuch gibt Aufschluß über die lukullische Seite des »Einfachen Lebens« im Wilden Norden. Im Frühjahr '81 kam bei Umschau, Frankfurt, »Nördlich von Nirgendwo« heraus – die Bestandsaufnahme von einem Dutzend Lebensjahren in der Wildnis.

Ein Hauch von Bergsteigen

Was nur ein paar Fachleuten bekannt ist: an dem östlichen Absturz von Baffin Island ins eisige Nordmeer dehnt sich eine alpine Fels- und Eislandschaft mit Kanten, Spitzen, wilden Abstürzen, riesigen Gletschern, tiefen, grundlosen Fjorden von einer kaum in Worte zu fassenden, grandiosen Schönheit.
Eine Landschaft, die sich dem Besucher im absoluten Urzustand präsentiert. Und damit sich daran nichts Grundsätzliches ändert, haben die Kanadier den interessantesten Teil dieser arktischen Gebirgswelt zum Nationalpark erklärt. Es ist das alte Helluland – das »Steinland« der Wikinger. Und die Namen der Felsriesen sind eine Hommage an die wilden, rotbärtigen Seefahrer, bzw. an deren Götter: Mount Loki, Mount Odin, Mount Sigurd, Mount Asgard. Zwei-, dreitausend Meter sind die Felskolosse hoch. Vielleicht nicht besonders imponierend im Vergleich zu den Alpen oder zum kanadischen Westen. Aber diese Bastionen erheben sich fast senkrecht vom Meeresniveau mit Tausend-Meter-Abstürzen. Ein Kletter-Eldorado, das kaum angekratzt ist!
Die Temperaturen im Sommer sind durchaus erträglich: + 7° beträgt sie im Juli und kann durchaus bis + 20° ansteigen. Der Ausgangspunkt ist das Eskimodorf Pangnirtung, erreichbar über Frobisher Bay, das täglich von Jets aus Montreal angeflogen wird.
An der anderen Ecke Kanadas, siebentausend Kilometer weit im Westen, reckt sich die höchste Erhebung des Landes, der Mount Logan, nahe der Pazifikküste im Yukon Territory. Ein richtiger Berg ist er »eigentlich« nicht, und Ähnlichkeit mit dem Berg der Berge, dem Matterhorn, hat er schon gar nicht. Dieser Mount Logan ist viel eher ein ganzes Massiv, ein liegender Klotz von achtzehn Kilometern Länge und drei bis fünf Kilometern Breite; ein Klotz, dessen höchste Spitze 6050 Meter hoch aufragt. Rundherum sind Schnee, Firn und Eis – 20000 km² ist das zusammenhängende Gletschergebiet groß – eines der umfangreichsten der Welt.
Erst 1922 begann Professor Coleman von der University of Toronto seine Besteigung zu planen, aber es dauerte bis zum 2. 5. 1925, bis sich das Team in Seattle, im US-Staat Washington, einschiffen konnte.
Ein Jahr zuvor waren in dem menschenleeren und von jeglichen

Lebewesen gemiedenen Gebiet Verpflegungs- und Ausrüstungsdepots angelegt worden. Erkundungsexpeditionen hatten sich nahe an das Massiv herangearbeitet, hatten Routen festgelegt. Vom Endpunkt der Eisenbahnlinie war ein Höhenunterschied von 5300 Metern und eine Entfernung von 80 Meilen zu bewältigen.
Am 12. Mai verließ die Expedition die Bahnlinie und bezog am 3. Juni das Basis-Camp an der Nordwestecke des Massivs am Fuße eines wilden Eisabsturzes.
Es war eine langwierige Prozedur, die Ausrüstung über dieses Chaos aus Eisblöcken in wilden und immer schlimmer werdenden Stürmen in Temperaturen von −35° Celsius weiterzutransportieren, um ein weiteres Camp auf 6200 m Höhe einzurichten. Doch am 23. Juni, als der Sturm Atem schöpfte, stiegen McCarthy, Lambart, Carpe, Taylor, Read und Foster über den westlichen zum zentralen Gipfel auf.
Die Windstille war nur kurz, die Gruppe mußte beim Abstieg auf 6500 m Höhe kampieren, um neue Stürme abzuwettern. Doch am 1. Juli waren sie alle gesund wieder unten.
Die zweite und dritte Bergsteigung erfolgte erst 1950. Einer der Teilnehmer dieser Bergexpeditionen war derselbe Mister Read, der schon fünfundzwanzig Jahre vorher zu den Erstbesteigern gehört hatte.
Von da an gingen Jahr für Jahr Bergenthusiasten diesen Eisriesen in der Nähe der alaskischen Grenze erfolgreich an. Und nicht nur den »höchsten«. Das Angebot an Fels- und Eisriesen ist kaum auszuschöpfen. Kanada ist auch in dieser Hinsicht wohl versorgt.

Der Winter

Zitat 1
»Zehn Monate gutes, zwei Monate schlechtes Schlittenfahren!« – ein Manager der Hudson's Bay Northern Stores
Zitat 2
»Nicht mehr als ein paar Acker voll Schnee.« – Voltaire, französischer Philosoph und Schriftsteller, Zeitgenosse Friedrichs des Großen, über die Kolonie »La Nouvelle France«, alias Kanada
Zitat 3
»Mon pays, ce n'est pas un pays, c'est l'hiver!« – »Mein Land ist kein Land, mein Land ist der Winter!« – Gilles Vigneault, franko-kanadischer Chansonnier.
Zitat 4
»Um Gottes willen, nichts über den Winter – der Winter erschreckt die Leute. Wir müssen in Europa erst einmal klarmachen, daß ein Teil Kanadas in der gemäßigten Zone liegt. Schreiben Sie lieber, daß an der Küste von Prince-Edward-Island das Wasser – fast – genauso warm ist wie in Florida!« – Ein Vertreter des kanadischen Wirtschaftsministeriums, Abteilung Touristik.

Trotzdem will ich über den kanadischen Winter schreiben. Nun, vierzig Grad unter Null sind gewiß kein Pappenstiel, und gegen einen richtigen Blizzard ist immer noch kein Kraut gewachsen. Trotzdem überleben die einundzwanzig Millionen Kanadier ihren Winter nicht nur, sondern finden ihn mehr und mehr amüsant.
»Amüsant?« fragt da mancher Lehnstuhlabenteurer – »ich finde einen dieser grauen Januartage in Hamburg schon fast unerträglich, und da liegt die Temperatur noch über dem Gefrierpunkt!«
Doch da gibt es ein paar Leute, die beides kennen. Und die behaupten, daß der Januar mit seinen klamm-kalten Tagen in Hamburg wirklich nur durch extragroße Grog-Rationen zu überstehen sei, während sie vom kanadischen Winter sagen, das sei glatt »fun« – ein Spaß! Ein Spaß, dem nur eins fehle: eben dieser s-teife Grog!
Wie sieht es nun tatsächlich aus mit der kalten Jahreszeit in Kanada? Zuerst einmal: 40° unterm Strich ist nicht die Norm, wenn man einmal von den arktischen Inseln absieht. Zwar sinkt das

Thermometer im Norden und im kanadischen Mittelwesten auf und unter diesen Punkt, aber nur für meist kurze Perioden. Ansonsten schwankt das Thermometer zwischen – 5 und – 20° Celsius. Dabei ist es oft – sehr oft – windstill und sonnig. Doch der wichtigste Unterschied zu Europa ist die Luftfeuchtigkeit, und die ist nur ein Bruchteil dessen, was den Winter in Hamburg so unerfreulich macht.

Als Faustregel gilt: wenn's sehr kalt wird, ist kaum irgendeine Luftbewegung zu spüren; wenn der Blizzard heult, steht das Quecksilber – oder besser der Alkohol – im Thermometer nur wenig unter dem Gefrierpunkt!

Apropos Blizzard: diese gefürchteten Winterstürme treten nicht jede Woche und nicht viel häufiger auf als Springfluten an der deutschen Nordseeküste. Aber wer draußen davon überrascht wird und nicht entsprechend ausgerüstet ist – zudem nicht weiß, was er zu tun oder zu lassen hat – dessen Leben ist nicht das Schwarze unterm Fingernagel wert!

Doch zurück zu den ortsüblichen Gegebenheiten! Die bestehen meist aus einer makellos weißen Pracht, über der sich ein tatsächlich azurblauer Himmel wölbt; ein Bild, das mitunter die schlimmste Kitschpostkarte zu einem Gemälde aufwertet. Für den Besucher, der nicht nur dasitzen möchte, um sich diese Pracht anzusehen, hier ein paar Tips:

– das Sensationellste ist das Helicopter-Skiing in den Bugaboos

von British-Columbia, mit 20 oder 30 km langen, ununterbrochenen Abfahrten, bei denen ein Höhenunterschied zwischen zwei- und dreitausend Metern überwunden wird! Eine Woche kostet ab 800 Dollar.
– Bernie Schiesser aus Banff, Alberta, ist mit dem Helicopter-Skiing im Kananaskis-Gebiet eingestiegen. Sein Revier sind die Fortress Mountains.
– Billiger machen es Bob Ambrose und Roger Madsen in den Purcel Mountains (20 Meilen westlich von Radium Hot Springs), die ein Schweizer Pilatus-Porter-Flugzeug gekauft haben und ebenfalls dreitausend Meter direkten Höhenunterschied bei ihren Abfahren garantieren.
– Daneben sind das Marmot Basin bei Jasper, Mount Temple am Lake Louise ein Paradies für Abfahrtsenthusiasten. In der Nähe von Vancouver ist es der Garibaldi-Park; weiterhin sind Vernon, Kamloops und Kimberley in B.C. Skizentren geworden. Östlich von den Rockies, in den Prärieprovinzen und im Bereich des Kanadischen Schildes, tut sich zwar auch einiges, doch haben unsere Mittelgebirge, vorausgesetzt: es liegt Schnee, diesen Hügeln einiges voraus.
Dagegen findet hier eine andere Gruppe von Winterfans – und auch solche, die es werden wollen – ihr Eldorado. Es ist das große Heer der »Grauen Mäuse«, zu denen zugegebenermaßen auch ich mit meinem Weibe zähle. Leute, die normalerweise im Sommer Urlaub machen und im Wasser arbeiten, aber doch mal »reinriechen« wollen; Leute, die nicht ein kleines Vermögen für Ausrüstung und Aufenthalt und Lifts und Après-Rummel und weiß ich was sonst noch spendieren können oder wollen; Leute, für die der Wintersport kein Statussymbol, sondern ganz einfach Spaß ist!
Man kann gleich anfangen, braucht keine langwierigen, teuren Kurse mitzumachen, sondern kauft – oder leiht – sich eine billige Langlaufausrüstung. Vielleicht noch ein paar jener überdimensionalen Tennisschläger: Schneeschuhe oder »Rackets« im Englischen, die ebenfalls nur ein paar Dollar kosten, und beginnt gleich mit dem sportlichen Spaß. Selbst wenn der Umgang mit beiden Gerätschaften ein Buch mit sieben Siegeln ist!
Ein Spaß, der in Kanada mittlerweile genauso populär geworden ist wie andernorts.
Da höre ich die Frage: Warum denn noch Schneeschuhe mitschleppen? Nun, man möchte auch mal vom Trail herunter, dahin,

wo die Loipe nicht hinführt, und für diesen Zweck sind die ovalen, bespannten Rahmen meist die besser geeigneten Geräte! Nach einem halbstündigen »Training« hat man es heraus, wie man sich auf ihnen bewegt – etwas breitbeinig, den Po hochgestreckt, gestützt von Skistöcken, aber durchaus nicht ermüdend oder unbequem! Und um die berüchtigten Waldläuferbeschwerden des »mal de raquettes«, der »Schneeschuhkrankheit«, zu spüren – schmerzhafte Zerrungen in Zehen und Hacke – muß man schon gewaltige Tagesmärsche ohne Verschnaufpause bewältigen!
Einer der Langlaufpioniere Kanadas ist »Jackrabbit« (Hasenfuß) Johannson-Smith, ein gebürtiger Norweger, der heute noch im blühenden Alter von 99 (in Worten: neunundneunzig!) Jahren seine Spur zieht. »Hasenfuß« wurde er nicht wegen Feigheit oder seelischer »Hasenfüßigkeit« genannt, sondern dieser Name wurde ihm, eher als Ehrentitel, von einigen Indianern gegeben, die seine Schnelligkeit auf den schmalen Skiern bewunderten.
Jackrabbit begann 1932, nachdem er während der Depressionsjahre sein Vermögen verloren hatte, den Langlauf populär zu machen, indem er mit einer Regierungsunterstützung von ganzen fünfhundert Dollar und fast ohne irgendwelche personelle Hilfe einen mehrere hundert Meilen langen Trail in jahrelanger Arbeit anlegte, der von Montreal in die Laurentian-Berge führte. Einen Trail, den er selbst in jedem der folgenden Jahre ablief und pro Saison dabei Entfernungen von zwei- und dreitausend Kilometern zurücklegte.
Jackrabbit wartet auf den Winter, das ist seine Jahreszeit. Doch läßt er den Sommer nicht einfach überm Warten vergehen: während der heißen Monate fährt er im Kanu zu seinen Fischgründen, die »ein paar Portagen hinter den ausgetretenen Pfaden« liegen!
Sein Geburtstagswunsch für seinen »Hundertsten« ist eine Reise in sein Geburtsland, nach Norwegen – zum Langlauf! Kein Wunder, daß bei einem solchen »Promoter« innerhalb der Grenzen die Provinzen Quebec am meisten für das »Cross Country Skiing« getan hat. In den Provinzparks Mont Orford, Mont Tremblant, Paul Sauvé, Mont Saint-Anne, Laurentides und Duchesney sind – neben ansprechenden Abfahrtspisten – Tausende von Loipenmeilen vorbereitet. Übrigens sind von diesen Routen die Motorschlitten verbannt.
Neufundland, das Europa am nächsten liegt, ist in dieser Hinsicht noch ein Dornröschen! Das absolut schneesichere, unbewohnte

Hinterland im Innern der Insel wird sicher in absehbarer Zeit ein preisgünstiges Wintersportressort werden – nicht nur für die »Grauen Mäuse« – sondern auch für die Abfahrer!
Auch in anderen Wintersportarten ist Kanada schier unerschöpflich, denn mit Langlauf und »snowshoeing« ist man noch lange nicht am Ende. Nicht umsonst ist Kanada eine führende Eishockey-Nation! Da sind unzählige Bahnen für Schlittschuhläufer; oder für ein paar Dollar kann man sich eine »Eishütte« auf einem zugefrorenen Fluß oder See mieten und in diesem warmen Kabäuschen Forelle, Hecht und Zander fischen und dabei »anregende« Getränke zu sich nehmen. Allerdings habe ich den Eindruck, daß viele Kanadier überhaupt nicht den Fischen an den Kragen wollen, sondern viel eher ungestört den »anregenden« Flüssigkeiten zusprechen.
Was bleibt sonst noch zu tun? »Ski-dooing«, mit einem Motorschlitten zu fahren, ist die einfachste Sache der Welt, doch eine Art der Fortbewegung, bei der man sich nie ganz sicher ist, ob Lärm oder Gestank das größere Übel darstellt.
Und: landauf, landab existieren immer noch ein paar Hundeschlittengespanne. Eine Reise durch das winterliche Kanada mittels »dog team« – noch vor ein paar Jahren das einzige Transportmittel in abgelegenen Gegenden – ist wohl das Faszinierendste, was der Winter in der kanadischen Wildnis bietet!
Ein Hundeteam ist etwas elementar Lebendiges – ein Haufen Leben und Erleben, bei dem sich sowohl die Verhaltensweisen des »treuesten Freundes des Menschen« wie auch des letzteren selbst und das nicht nur für den Ethnologen offenbaren. Schon das Anspannen ist eine bemerkenswerte Prozedur, die Hunde sind aufgeregt; auch sie hat das Reisefieber gepackt, sie möchten gleich los, können aber nicht, da der Schlitten festgesetzt ist; sie versuchen, so mal eben dem Vorder- oder Hintermann ins Bein zu zwacken, was der sich natürlich nicht gefallen läßt. Der »musher« brüllt sie an, bringt sie zur Raison; wie brave Teddys sitzen sie hintereinander im Schnee. Auf den Ruf »akkh, akkh« traben sie los, legen sich ins Geschirr, die buschigen Schwänze hocherhoben, weißen Atemdunst vor den Wolfsrachen hechelnd. Es scheint nicht nur so – es macht auch den Hunden Spaß!
Bald erkennt man die unterschiedlichen Charaktere im Team, den braven, starken, wenn auch nicht sehr intelligenten Ziehhund hinter der führenden Hündin (sie ist meist klüger als die Rüden und

Winter am Kecarpoui

muß ihre Position nicht in tausend Beißereien beweisen oder bestätigen), den schlitzohrigen Halunken, der nur so tut, als würde er kräftig ziehen, und all die Schattierungen und Nuancen dazwischen.

Am Abend, wenn die Hunde sich müde und satt um das Camp im Schnee zusammenrollen und die Schnauzen unter die Schwänze stecken, wie sie in kalten Nächten das Zelt mit dem Menschen teilen, um es wärmer zu machen, wenn sie auf seinen Füßen schlafen – dann ist es schon etwas ganz anderes, als mit einer Schlüsselumdrehung eine seelenlose Maschine abzustellen.

Das ist ein bewegtes, nie langweiliges Reisen, bei dem geflucht und gelacht wird, bei dem Lob und Strafe sich abwechseln. Eine Art zu reisen, die zwar nicht mehr effizient ist, an die aber viele ältere Kanadier wehmütig zurückdenken.

Adressen für den Winter in Kanada zu erfragen bei den Provinzregierungen

...und ein Buch:

»The Snowshoe Bock«
Stephen Green Press
Brattleboro, Vermont/USA

Gold – Diggen!

Am Klondike und an tausend anderen kanadischen Flüssen und Bächen ist das Erdreich umgewühlt, hat irgendwer nach Gold gesucht – und an Hunderten von Ufern ist Gold gefunden worden! Immer noch ist es weit davon entfernt, seine Attraktivität einzubüßen. Die Goldpreise steigen und klettern immer noch und haben einen neuen Goldrausch eingeleitet.
Tausende von Kanadiern und US-Bürgern haben sich auf die alten Traditionen besonnen; schultern im Urlaub oder am Wochenende Hacke und Schaufel; klemmen sich eine Goldpfanne unter den Arm und begeben sich auf die Trails der Sourdoughs, um vielleicht doch irgendwo eine Bonanza aufzutun. Mann, Weib und Kind befällt dieses Goldfieber, kaum jemand scheint immun zu sein. Die einzige Kur gegen diese Krankheit: sich an einen Bach im Westen des Kontinents begeben und dort jene Prozedur einleiten, die schon Hunderttausende mit meist geringem oder gar keinem Erfolg zelebriert haben.
Die Goldpfanne ist halb mit Kies und Wasser zu füllen, der Digger läßt sich auf eine adäquate Unterlage für sein Hinterteil nieder und sucht mit kreisenden Armbewegungen, die Spreu vom Weizen, oder besser: den Dreck vom edlen Metall zu trennen.
Da dieses Fieber ansteckend ist, hier etwas von dem Know-how, das der Tourist aus dem alten Kontinent beherrschen sollte, für den Fall, daß auch er ein Opfer des Goldbazillus wird.
Vor allem eins ist wichtig: vor der Abreise nach Kanada sollte man dem womöglich ungeliebten Boß *nicht* eins vor den Latz knallen und sagen: Wenn ich zurückkomme, kaufe ich den Laden! Denn so gut sind die Aussichten auch wieder nicht!
Zuerst sollte man herausfinden, wo es sich überhaupt lohnt. Generell gesagt: im Westen. Und da helfen einem die Touristik-Ministerien der Provinzregierungen weiter. Sie haben Broschüren herausgebracht, die freundlicherweise mitteilen, wo man suchen soll.
Da ist man nun an »seinem« Bach angekommen, hat sein Zelt aufgestellt und geht zum ersten Mal zum Wasser hinunter... Spätestens jetzt sollte man bedenken: die Erosion des Baches hat irgendwo aus dem Gestein Gold herausgewaschen und es bergab transportiert. Aber nicht nur das Gold, sondern auch Gestein. Er-

steres ist schwerer und sinkt als erstes zu Boden, wenn hinter einem Felsriegel, nach einer Kurve oder einem anderen Hindernis die Wassergeschwindigkeit abnimmt. Da hat sich meistens ein Kolk gebildet, und der Bach rührt das Geschiebe – in dem, so Gott will, auch Gold ist, noch einmal gründlich um – mit dem Erfolg, daß das schwere Metall sich ganz zuunterst ansiedelt. Manchmal geht der Prozeß nicht ungestört über die Bühne; da gibt es Erdrutsche, Gletscherbewegungen und ganz unspektakuläre Erosionsvorgänge, die ein Bachbett trockenlegen – und da besteht natürlich ebenfalls eine Chance!

Zurück zu unserem Eldorado Creek. Hinter einer vielversprechenden Biegung beginnt der Test mit der Goldpfanne. Und siehe da – da glänzt etwas zwischen dem dunklen Sand, der bis zum Schluß in der Pfanne geblieben ist. Tatsächlich, das ist Gold – wenn auch in neun von zehn Fällen Goldstaub. (Das Waschgold, das so verführerisch im Wasser gefunkelt hat, dieses Mica – Glimmer also –, das kennt man längst, dadurch läßt man sich nicht mehr bluffen.) Leider ist der Goldstaub so fein, daß man ihn nicht einmal mit Lupe und Pinzette aus dem Sand herausbringt. Eine kleine chemisch-physikalische Hilfe:

Quecksilber pickt für uns das Gold heraus und läßt den Sand, wo er ist. Dieses flüssige Metall gehört also zur Ausrüstung. Einen Kaffeelöffel voll läßt man über den Sand rollen, und schließlich stecken alle die feinen Goldkörnchen in dem Metall. Schon taucht das nächste Problem auf: Wie die beiden Metalle voneinander lösen? Gewiß, ein darauf spezialisiertes Labor kann das ohne weiteres besorgen, doch einfacher, billiger und origineller wird es mit einer Kartoffel gemacht!

Die Kartoffel wird in der Mitte durchgeschnitten und eine Hälfte ausgehöhlt. Dorthin gibt man das goldhaltige Quecksilber, verschließt die Höhlung mit der zweiten Kartoffelhälfte, umwickelt die Erdfrucht mit einem Draht und bäckt sie im Feuer. Dabei sollte man sich nicht in den Rauch des Lagerfeuers stellen, denn Quecksilberdämpfe sind giftig! Schließlich öffnet man die Verschnürung, klappt die Kartoffel auseinander und – siehe da, das Quecksilber ist verdampft und das Gold ist geblieben!

Dieser geschilderte Vorgang ist, um das nochmals zu betonen, nur das Testprogramm! Richtig kommerziell wird es erst – und frühestens da fängt das Geldverdienen an –, wenn man Bäche abdämmt und umleitet, Holzrinnen baut, in die Querrippen eingelegt sind, die das Metall festhalten. Wenn man Schächte bis zum gewachsenen Fels hinuntertreibt, wenn Bagger und Scrapper rasseln und quietschen ... doch dann ... spätestens dann ist es aus mit dem Ferienspaß!

Die Mounties – die besten Polizisten der Welt?

Neben Ahornblatt und Mister Biber sind diese Gentlemen so etwas wie Kanadas Firmenzeichen. Deshalb ein paar Worte über die Herren im karmesinroten Rock:
Es war in den siebziger Jahren des vergangenen Jahrhunderts, nachdem der letzte Widerstand der Sioux gebrochen war und sich die »Grenze« nach Nordwesten in die kanadischen Prärien vorschob. Kanada hatte soeben von der Hudson's Bay Company Land gekauft. Ein ziemlich großes Stück Land, aber darüber war man damals nur unvollkommen im Bilde; es sollte sich erst später herausstellen, daß es sich um ein Fleckchen von vier Millionen Quadratkilometern handelte – das ist etwa das sechzehnfache Gebiet der BRD. In dieses Vakuum stießen jene Herren hinein, die sich in ihrer Bewegungsfreiheit durch die immer zivilisierter werdenden Verhältnisse in den USA beeinträchtigt fühlten, die Whisky-Trader, die Indianer-Killer, die Bison-Schlächter ...
Direkter Anlaß war ein Massaker, bei dem eine Horde betrunkener Händler eine Gruppe von dreißig Assiniboines einschließlich der Frauen und Kinder niedermetzelte. Daraufhin signierte der damalige kanadische Premier John A. MacDonald ein Papier, das die Gründung einer Ordnungstruppe für jene Gebiete vorsah. Die Truppe erhielt den Namen »Royal Northwest Mounted Police« – »Königliche Berittene Polizei des Nordwestens«.
Fort Garry – das heutige Winnipeg – war das erste Trainingszentrum der Männer. Ihre erste Tat war die Auflösung der berüchtigten Whisky-Forts, von denen aus die Indianer mit billigstem Fusel malträtiert wurden. Die zweite Tat war die blutige Niederlage gegen die von Louis Riel geführten Mestizen und Cree-Indianer, die gegen die Bundesregierung in Ottawa rebellierten. Die wurden ihrerseits von fünftausend kanadischen »Regulären« fürchterlich bestraft. Trotzdem etablierten sich die Mounties im Nordwesten. Sie

sorgten dafür, daß während der Klondike-Stampede zu keinem Zeitpunkt jene Zustände aufkamen, die das Leben in den US-amerikanischen Mining Camps so ungesund machten.
Inspektor Fitzgerald stieß um die Jahrhundertwende bis zu der Herschel-Insel vor, dem Winterquartier der Walfänger, und sorgte auch hier dafür, daß nicht jeder dieser wilden Rauhreiter der See seine eigene Vorstellung von Recht durchsetzte. Fitzgerald kam 1910 beim Desaster der Patrouille Dawson – McPherson mit dreien seiner Leute ums Leben, als sich der nordische Winter als unumschränkter Boß in diesem Land manifestierte.
Wesentlich erfolgreicher waren die Expeditionen in die damals praktisch unerforschten Barren Grounds, jener Landmasse zwischen Mackenzie River und der Hudson Bay, während deren Verlauf Inspektor Pelletier eine Distanz von dreitausenddreihundertsiebenundvierzig Meilen zurücklegte – und die in diesen Zeiten übliche Art zu reisen: mit Schneeschuhen, Kanu und Hundeschlitten!
Einige ebenfalls erfolgreiche Verbrecherjagden brachten der Polizeitruppe ein noch größeres Renommee, als Sergeant Douglas ein paar tausend Kilometer auf die gleiche Art und Weise zurücklegte, um einen Eskimo dingfest zu machen, der zwei seiner Stammesgenossen umgebracht hatte.
Die Menschenjagd auf den »Mad Trapper« Albert Johnson (1931) war dagegen nicht gerade ein Ruhmesblatt in der Geschichte der Rotröcke. Johnson, allein auf sich gestellt, tötete einen Constable, verletzte einen anderen schwer, tötete einen Freiwilligen, schoß den Führer der Suchtruppe, Sergeant Hersey, durch die Lunge und wurde endlich von Wop May aufgespürt, den Protagonisten aller Buschpiloten, und dann erschossen. Ohne May und seine Bellanca wäre Johnson womöglich die Flucht nach Alaska geglückt. Die wahre Identität des »Mad Trapper« wurde übrigens nie geklärt.
Danach wurde aus Royal Northwest Mounted Police die Royal Canadian Mounted Police, die Bundespolizei Kanadas. Diese Truppe spielt auch heute noch, gerade im Norden des Landes, eine nicht wegzudenkende Rolle. Sie – der lange Arm der Bundesregierung in Ottawa – ist Ordnungsfaktor, Verwaltungsapparat, Rettungsorganisation und nicht zuletzt Repräsentationskorps.
Ob das Fragezeichen hinter der Überschrift seine Berechtigung hat oder nicht – ist nicht zuletzt Ansichtssache. Der Wirkungskreis

der RCMP im »wilden Norden« Kanadas hat sie mit einem Flair umgeben, das einer nüchternen Beurteilung oft im Wege steht. Sicher ist eins: die Royal Canadian Mounted Police gehört zu den am besten geschulten, trainierten und ihrer Aufgabe angepaßten Polizeitruppen der Welt.

Die Mission des Rangers Mercer in den Thorngat Mountains

Wie eine Speerspitze sticht ein Gebirgszug zwischen Labrador-See und Ungava Bay weit nach Norden: Die Thorngats; die höchsten Berge des kanadischen Festlandes östlich der Gebirgszüge, die allgemein mit dem Namen Rockies bezeichnet werden. Es ist eine Versammlung kahler, kalter Felskolosse, die oft fußlos aus dem eisigen Nordmeer aufsteigen. Die höchsten Gipfel türmen sich über 2000 Meter auf, doch sie verbergen sich meist in den Wolken oder hüllen sich in Nebel ein. Hier wohnt kein Mensch, und nur ganz wenige, tapfere Eskimos ziehen über die Pässe, die zum Tal des George River führen. Denn – so glauben die Inuit – in dieser Fels- und Eiswüste haust der Riese Thorngat und mit ihm hausen da noch andere unfreundliche Geister.
Zwar sind die Eskimos inzwischen alle gute Christen – und die Missionare der Anglican-, United-, Moravian- und Pentecostal-Church haben ihren Brüdern im Glauben eingebleut, daß jene heidnischen Riesen und Geister in Wirklichkeit gar nicht existieren. Doch die Eskimos sind vorsichtige Leute und möchten es lieber nicht darauf ankommen lassen, ob die Macht der Streiter für den wahren Glauben auch wirklich bis in die Schluchten und Schründe der Thorngat Mountains reicht. Und außerdem ist da nicht nur der Riese Thorngat und seine Geister, da sind auch die Tlingits – zwar nicht ganz so groß wie der Oberriese, doch immerhin viel, viel größer als ein Mensch. Auch den wenigen Kablunas – Weiße, die ab und zu hier heraufkommen, um zu fischen oder zu jagen – sind die Berge nicht ganz geheuer. Obwohl ebenfalls gute Christen, haben auch sie ihren Ärger mit Geistern und Gespenstern; auch sie zünden abends eine Kerze an, damit der riesige, schwarze Hund nicht um Mitternacht auftaucht und ihnen sagt, daß jemand aus der Familie im nächsten Jahr stirbt...

An das alles mag Ranger Mercer im Januar 1936 wohl gedacht haben, als er mit dem Eskimo Zacharias Ikkusit und dessen Hundegespann nach Norden in Richtung Okak Bay zog, um den Eskimo Mark Kennitok, oder vielmehr dessen Leiche, zur Obduktion nach Cartwright zu bringen. Angeblich war Mark Kennitok ermordet worden. Seine sterblichen Überreste sollten sich in einer Trapperhütte befinden. Cartwright liegt in der Nähe von Goose Bay – die Okak Bay dagegen liegt weit oben im Norden – vor dem wildesten Teil der Thorngats, 100 km nördlich von der letzten Siedlung Nain. Die Entfernung zwischen beiden Plätzen beträgt rund tausend Kilometer.

Der Eskimo und der Ranger zählten nicht die Sturmtage – Stürme sind in diesem Teil Labradors das tägliche Brot, sie wunderten sich nur, wenn einmal der Wind ihnen nicht um die Ohren heulte...

Sie fanden schließlich die dreiviertel im Schnee vergrabene Hütte und die Leiche des Eskimo – mit einer schrecklich klaffenden Wunde in der Stirn. Mercer und Zacharias zimmerten einen Sarg – vielleicht wäre es richtiger, das Behältnis eine Kiste zu nennen, legten die Kiste mit Rentiermoos aus, um weitere Beschädigungen von der Leiche abzuwenden und machten sich auf den langen Weg nach Cartwright. Später – in einer der nächsten Siedlungen – wollten sie das Moos durch Viehsalz ersetzen; denn, so dachten sie sich, Salz konserviert Fisch – warum sollte es nicht auch tote Eskimos konservieren? Vorerst jedenfalls bestand keine Gefahr, daß sich an dem Zustand Mark Kennitoks irgend etwas ändern könnte: bei – 30 und 40 °C war der tote Gentleman steifgefroren wie ein Brett.

Am Fuß der Kiglapit Mountains (einer Kette der Thorngats) blies der Sturm den Männern und Hunden mit solcher Gewalt ins Gesicht, daß ein Aufstieg in die Pässe unmöglich war. Zacharias baute ein Iglu. – Dort warteten sie ein paar Tage, bis das Heulen und Jaulen des Sturmes aufhörte. Dabei leistete ihnen Mark Kennitok stumm zwar, doch unübersehbar, Gesellschaft. Mercer wollte nicht riskieren, daß die Hunde draußen die Kiste aufbrachen und den toten Eskimo verspeisten...

Ausgeruht, doch nicht bester Stimmung, spannten sie die Hunde vor den Schlitten zum Aufstieg in die Kiglapits. Bereits gegen vier wurde es dunkel, aber die Nacht war klar. Es war Vollmond, zwischen den steilen Bergwänden war der Trail über den Paß nicht zu verfehlen. Gegen Mitternacht erreichten sie den 1300 m hohen

Paß, eine Handvoll winziger Wesen, erdrückt von einer übermächtigen Kulisse aus Fels, Schnee, Eis und kaltem Mondschein.
Der Abstieg war steil und vereist; Zacharias wußte bald nicht mehr, ob er die heidnischen oder christlichen Götter um Schonung oder Beistand anrufen sollte. Mercer schnitt die Hunde los – um zu vermeiden, daß das schwere Fahrzeug außer Kontrolle geriet, in die Hunde hineinrannte und diese Tiere, ohne die es keinen Weg aus diesen Bergen gab, womöglich verletzte oder gar tötete.
Die beiden Männer versuchten, den Schlitten hinunterzubringen, doch der vor Angst schlotternde Zacharias ließ irgendwann los. Mercer konnte allein das schwere Gefährt nicht halten, es machte sich selbständig, sauste davon, überschlug sich, einmal, zweimal, der Sargdeckel flog weg, hinterher schoß die Leiche mit einem Kometenschweif von Rentiermoos durch die Luft und landete erst fünfzig Meter weiter im Schnee.
Das alles in der gespenstischen Beleuchtung des Mondes hätte auch nervenstärkeren Männern als Zacharias einen eisigen Schauer durch Mark und Bein gejagt. Jedenfalls rannte der Eskimo, verzweifelt den Namen des Riesen Thorngat schreiend, in die Nacht hinein. –
Mercer sagt in seinem Bericht nichts darüber, welche Gefühle ihn zu jenem Zeitpunkt bewegten. Auch nicht, was in ihm vorging, als er den Steilhang herunterstieg, den gefrorenen Eskimo schulterte und zum Schlitten schleppte. Jedenfalls fing er einen Teil der Hunde ein, die sich genau wie ihr Herr entsetzt aus dem Staub gemacht hatten, spannte sie wieder vor den Schlitten, nahm einen der Huskies, setzte ihn auf Zacharias' Fährte und fand schließlich den zusammengekauert hinter einem Felsblock sitzenden Gespannführer. Dessen einzige Äußerungen waren heidnische Beschwörungsformeln, von denen Mercer lediglich den Namen Thorngat verstand. Zacharias war vollkommen aus dem Häuschen und für alles Geld der Welt nicht zu bewegen, sich dem Schlitten mit seinem toten Artgenossen auf weniger als Steinwurfweite zu nähern.
Irgendwie schaffte es Mercer, den Schlitten wieder auf den Trail und ins Tal zu befördern. Auch hier unten war Zacharias weit davon entfernt, seine Fassung zurückzugewinnen. Er folgte dem Schlitten in respektvollem Abstand. Es war ein Glück für Mercer, daß er an der Küste auf ein Wintercamp einer Eskimosippe stieß – und daß er den Sippenältesten, Hammer Punniguniak, recht gut

kannte. Hammer wußte nach einigem Palaver Rat. Mercer allerdings mußte ihm hoch und heilig versprechen, daß er dem Missionar gegenüber Stillschweigen bewahrte...

Jetzt begann der alte Eskimo wie in Trance zu tanzen, murmelte dabei einen ganzen Hokuspokus von Beschwörungen vor sich hin, griff schließlich zu einem großen Zauber – einem Krähenfuß –, den er dem jetzt ganz apathischen Zacharias um den Hals band. Er tanzte wieder eine Weile, griff zu einem noch stärkeren Zauber – einer Seehundsblase, pustete kräftig hinein, band sie um den Fuß des toten Eskimo, kassierte von Mercer ein paar Pfund Mehl und ein Päckchen Tee als Honorar und versicherte dem immer noch skeptischen Zacharias, daß der Zorn des Riesen Thorngat damit besänftigt und er, der Gespannführer, getrost des Weges ziehen könne.

Und tatsächlich, während der restlichen zwölftägigen Reise nach Cartwright ereignete sich kein außergewöhnliches Mißgeschick mehr.

Dr. Lionel Forsythe, der die Obduktion durchführte, stellte fest, daß die Todesursache kein mörderischer Schlag mit der Axt, sondern ein Sturz war. Er fand ferner heraus, daß dem Sturz eine fürchterliche Sauferei vorausgegangen war. Eine spätere Untersuchung brachte an den Tag, daß ein weißer Trapper ein paar Gallonen »moonshine« gebrannt und in Gesellschaft seiner schlitzäugigen Freunde verkonsumiert hatte.

Dafür – denn das Selbstbrennen ist und war in Kanada illegal – mußte der Trapper sechs Monate in relativem Komfort in einer warmen und trockenen Zelle brummen.

Der Effekt von Mercers Mission war dennoch unübersehbar: Die eingeborenen Indianer und Eskimos, aber auch die eingesessenen Weißen, deren Lebensstil sich kaum von dem der Ureinwohner unterschied, hatten den Beweis, daß das Gesetz einen Arm hat und daß nicht einmal der Oberriese Thorngat und seine Konsorten diesem Gesetz Paroli bieten konnten...

»Moonshine«

Auf Neufundland, »diesem vom Meer umschlossenen Felsklotz«, genießt »moonshine« wie einst in ganz Kanada besondere Popularität. Nun komme keiner auf den Gedanken, die Neufundländer seien große, romantische Naturen, denen ein vom Mond beschienenes »Tête-à-tête« über alles gehe.

Gewiß gibt es Gemeinsamkeiten. Dazu gehört, daß das Geschehen sich nicht gerade in der großen Öffentlichkeit abspielt; dazu gehört, daß das, was man als »Lustgewinn« bezeichnet, damit eng verbunden ist – und dazu gehört endlich ein beschwingt-beschwipst, in extremen Fällen rauschartiger Zustand.

Vielleicht verwirrt es den Besucher noch mehr, wenn er erfährt, daß »moonshine« in Flaschen gelagert und mitunter tagelang aufbewahrt wird. Verwirrend auch, wenn da hinter der vorgehaltenen Hand von »moonshining« die Rede ist. Endlich, nachdem er das Vertrauen der Inselbewohner gewonnen hat, weiht man ihn ein und läßt ihn womöglich am »moonshining«, einem übrigens ziemlich illegalen Vorgang, teilnehmen.

Die ersten Vorbereitungen sind schon längst über die Bühne gegangen:

Ein Eimer ist zu vier Teilen mit Wasser und zu einem Teil mit Melasse (Rübenkraut) gefüllt. Drei Pakete Hefe sind in der Mischung aufgelöst; fünf geschälte Kartoffeln in dem Gebräu versenkt worden.

Das Ganze hat dann an einem verborgenen, warmen Ort gestanden, hat »gearbeitet« – und sich mit gelbbraunem Schaum bedeckt.

Dieser Met ist bereits trinkbar und hat, in entsprechenden Mengen konsumiert, eine sowohl berauschende wie auch die Verdauungsorgane positiv beeinflussende Wirkung.

Doch die echten Genießer halten sich noch zurück. Sie füllen einen Topf halb damit an, fügen als Geschmacksvariante noch ein paar Wacholderbeeren hinzu und decken eine Konstruktion darüber, die sie während langer Winterabende zusammengelötet haben:

Ein umgedrehter Deckel, der dicht abschließt; darunter hängt ein kleiner Behälter, und aus diesem führt seitlich ein Kupferröhrchen durch die Wand des großen Topfes. Das Kupferröhrchen läuft

durch einen weiteren, mit Wasser oder Eis gefüllten Topf. Auf einem kräftigen Feuer beginnt der Met bald zu kochen.
Oben in den Deckel kommt Eis oder kaltes Wasser – und der Fachmann weiß jetzt schon, was passiert: der alkoholische Dunst kondensiert an der kalten Deckelunterseite, sammelt sich in dem kleinen Behälter und rinnt durch das Kupferrohr in einen bereitstehenden Topf.
Über diesen beugen sich erwartungsfroh die Gesichter, probieren, schöpfen von Zeit zu Zeit mit einem Kaffeelöffel etwas von der wasserhellen Flüssigkeit heraus und zünden sie an. Brennt's – hört man beifälliges Gemurmel, brennt's nicht mehr, schüttet man das minderwertige Zeug weg und setzt neues auf.
Der alte Mond beleuchtet verständnisvoll lächelnd die Szene. Er ist es sicherlich nicht, der es dem »Mountie« weitergesagt hat, daß...

Irving's unheimliche Schlittenfahrt

Irving Greenly wohnte an der »Run-by-guess«. In Reinschrift heißt das: »Peil über den Daumen und schau, wie du hinkommst!« Dieser »Run-by-guess« liegt der Nordspitze von Neufundland gegenüber, auf dem Festland, in einem Gebiet, von dem es heißt, daß es noch gar nicht solange her ist, als sich die Indianer sowohl an den einprägsamen Worten der Missionare ergötzten wie auch an ihrem kalorienreichen, wenn auch wenig durchwachsenen Fleisch.
Irving bewohnte mit seiner Familie – seiner Frau Delima, seinen Söhnen Sam, Italius, Israel, seinen vier unverheirateten Töchtern Anny, Mary, Susy, Ivy und dem ebenfalls ledigen Onkel Pad – eine Holzhütte mit zwei Räumen. Die Hütte war eben eine Hütte, wie sie die meisten Fischer oder Trapper bewohnten. Immerhin eine feste Behausung. Die Indianer besaßen lediglich Canvas-Zelte. Sie wohnten weiter weg und sind für den Fortgang der Geschichte überhaupt entbehrlich.
Irving hatte sechzehn Hunde. Schlittenhunde jenes Kalibers, die ihren Ursprung in Neufundländern, Wölfen und den verschiedensten unvorgesehenen Einkreuzungen haben. Mächtige, doch im

wesentlichen gutmütige Tiere. Die Hunde wohnten ebenfalls in Irvings Hütte. Es waren große Kerle, kaum einer, der weniger als hundert Pfund auf die Waage gebracht hätte. Der unbestrittene Chef der Bande war Tops – ein Tier von gewaltigen Ausmaßen und Kräften, ein alter, dem Irving im Prinzip wohlgesonnener Rüde. Das heißt wohlgesonnen, soweit er seine Vormachtstellung nicht in Frage gestellt sah.

Tops betrachtete die männlichen Mitglieder der Greenly-Familie ebenfalls zu seinem Rudel gehörig. Wenn Tops sich wie üblich auf allen vieren bewegte, überragte ihn der Anthropos Irving um einiges, doch wenn sich der Leithund auf die Hinterbeine stellte, um von Delima einen Happen zu erbetteln, war es umgekehrt.

Delima war die einzige der Familie Greenly, die Tops einschüchtern konnte. Sie war auch die einzige, die Tops an Gewicht übertraf. Anny, Mary, Ivy und Susy kamen wohl nahe an die hundertsechzig Pfund heran, die Tops wog, doch nicht ganz. Die Männer, einschließlich Onkel Pad, blieben weit darunter. So war es denn weiter nicht verwunderlich, daß Delima der Boß im Greenlyschen Anwesen war. Da sie aber ihre vier Wände kaum verließ, mußte jemand anderes bestimmen, was draußen zu geschehen hatte – und das war Tops.

Wollte Irving beispielsweise zum Händler Braham nach Spoon Cove und nicht zum Händler Osim nach Coffin Island, weil er bei Osim seinen Kredit überzogen hatte, geriet er in Schwierigkeiten, wenn Tops sich für Coffin Island entschieden hatte. In diesem Fall wäre die einzige Möglichkeit gewesen, Tops zu erschießen. Das aber wollte Irving nicht, denn er war nicht sicher, ob der zweite Hund, Read, sich nicht noch eigensinniger gebärdete als Tops. Zum Glück für Irving und die anderen Fischer waren sowohl Osim als auch Braham gutmütige Händler, die dann eben ihre Rechnungen beim Großhändler Blais später bezahlten. Und Großhändler Blais, der ein-, zweimal im Sommer mit seinem Schooner »Daisy« die Küste entlangsegelte, sagte in diesem Falle den Fabrikanten im fernen Québec City, sie müßten noch ein Weilchen warten. Gewisse ökonomische Verwicklungen waren also darauf zurückzuführen, daß Tops von diesen Dingen keinen blassen Schimmer hatte. Doch auch das hat mit der eigentlichen Geschichte kaum etwas zu tun.

Sie nahm ihren Anfang an einem Sonntagmorgen im März. Es war in der Nacht kalt gewesen, so um die 30° Celsius unter Null. Die

Sterne hatten im Frost gefunkelt. Dann war die Sonne aufgegangen und beschien nun eine unbeschreiblich helle, blendendweiße Pracht. Wie üblich war Delima als erste aufgestanden, hatte den gußeisernen Ofen angezündet, einen mächtigen Kessel mit Kleie aufgesetzt, und – da Sonntag war – den Hunden noch einen gewaltigen Klotz gefrorenes Seehundsfleisch hineingetan. Dann zerhackte sie das Eis über dem Wasserloch und setzte Kaffeewasser neben den Hundekessel.

Nach und nach erschienen Pad, Irving, Italius, die vier unverheirateten Töchter und Israel. Den Hundetopf stellte Delima auf den Tisch, damit er auskühle, und befahl Israel, ihn zu bewachen, während sie sich weiter um das Frühstück der Familie kümmerte. Die großen Hunde lagen da mit den Köpfen zwischen den Pfoten, ließen den Kleietopf nicht aus den Augen und versuchten, die Schlappohren soweit wie möglich aufzustellen.

Irgend jemand muß – zu früh, wie sich herausstellte – den Topf auf den Boden gesetzt haben, und Tops war, wie üblich, sofort in die Kleie hineingefahren, um den Leckerbissen, das Seehundsfleisch, herauszufischen. Die Kleie war nun aber lange noch nicht ausgekühlt und so heiß, daß Tops entsetzt zurückfuhr und sein mächtiges, zottiges Haupt schüttelte. Das Resultat waren Kleieflatschen an den vier Wänden, auf dem Fußboden, auf dem Tisch, und von der Decke tropfte Kleie auf die heiße Ofenplatte. Delima und die vier unverheirateten Töchter kreischten entsetzt und warfen zuerst die Hunde, die Kleie, das Seehundsfleisch und dann Gemahl, Onkel, Söhne und Brüder heraus, um wieder Ordnung zu schaffen.

Israel entschied sich für einen Marsch hinüber zu Calvins Haus, Italius hockte sich auf einen Holzstoß und rauchte eine Pfeife, Sam setzte sich in Richtung Murdough, bzw. zu Murdoughs Tochter Vivan ab. Die Hunde stürzten sich auf Fleisch und Kleie und inszenierten eine kleine, folgenlose Rauferei. Danach sah Tops den Irving mit seinen braunen, klugen Augen an und wedelte mit dem Schwanz.

»Lieber kein Frühstück als...«, murmelte Irving und begann, die Hunde anzuspannen: Joint, Hupp, Spice, Bath, Molly und natürlich Tops, den Leithund.

Die Hunde waren voller Tatendrang. Irving schwang sich auf den Schlitten und rief »akkh« und »wowh« und kümmerte sich nicht mehr um das Geschelte aus der Tür. Damsell, Bear, Jumbel, Ring,

Luck und die anderen Hunde rannten mit. Der Schlitten war leicht, das Eis frostig, Tops hätte das allein geschafft – ein Mann wie Irving auf dem Schlitten, spielend!
Da die Sonne immer wärmer schien und sich der Abstand zu dem Anwesen in Run-by-guess und Delima vergrößerte, das Eis nicht holprig war, gratulierte sich Irving zu seinem Entschluß abzureisen. Er nahm es Tops nicht einmal übel, daß er sich für Spoon Cove entschied und nicht für Coffin Island. In Spoon Cove war nämlich Messe, und wenn Irving Père Rambouillet über den Weg laufen würde, gäbe es keine Möglichkeit, sich vor dem Dienst am Herrn zu drücken.
Doch dann, bei Massacre Island, sah Irving vier Punkte, dahinter einen weiteren Punkt, noch weit weg. Punkte, die zu Mücken, zu Hasen, zu Hunden wurden. Hunde, die einen Schlitten zogen. Auf dem Schlitten thronte Maxwell Organ.
»Stay!« rief Irving.
»Stop!« bellte Maxwell.
Die Hunde legten sich mit dampfenden Schnauzen in den Schnee. Damsell, Bear und die anderen waren irgendeiner Fährte nachgerannt, waren verschwunden – konnten keine Rauferei inszenieren. Die anderen waren angebunden. Vor dem hinteren Querholz der Schlitten hatten Irving und Maxwell schwere Pflöcke tief ins Eis getrieben, die Fahrzeuge gesichert – denn an einem solchen Frühlingsmorgen sind die Hunde voller Übermut und nichts geht ihnen über eine handfeste, blutige Rauferei.
Maxwell war auf dem Wege nach Coffin Island. Er sei gestern ein wenig betrunken gewesen und hätte es deshalb vorgezogen, sowohl seiner Gracy als auch Père Rambouillet zu entfliehen. Es wäre auch noch ein Schluck »moonshine« da – wenn Irving mal probieren wollte, fragte Maxwell. Irving wollte. Und die Sonne schien richtig warm und Irving dachte, daß vielleicht Tops es sich einmal überlegen und hinter Maxwell's Gipsy herlaufen würde...
Dann könnte er wohl mit Maxwell nach Coffin Island...
Jedenfalls nahm er noch einen gewaltigen Schluck aus der Flasche. Gipsy war derzeit aber nicht heiß und Tops mitnichten gewillt, sein Ziel zu ändern. Irving seufzte, nachdem er noch einen Zug genommen hatte... Zog den Pflock aus dem Eis, rief »akkh« und »wowh« und sauste weiter nach Spoon Cove.
Maxwell hatte das gleiche getan, nur daß er »go« gerufen hatte. Sein Schlitten wurde rasch zu einem Karton, einer Schachtel, ei-

nem Kästchen, einem Würfel, einem Krümel; die Hunde wurden zu Hasen, Karnickel, Eichhörnchen, Käfern, Flöhen; und die Sonne schien und das Eis glitzerte und Irving saß auf seinem Schlitten, friedvoll und bar böser Gedanken, mit wohlig geschlossenen Augen. Er hatte das Gefühl zu schweben, zu fliegen, durch unbekannte Räume zu trudeln... dann war er eingenickt.

Tops führte sein Team über das feste, glatte Eis der Ha Ha Bay, in die enge Öffnung der Spark Narrows, hinter der Spoon Cove liegt. Das erste Gebäude dort ist die Kirche. Woanders hätte man es als eine bessere Bretterbude bezeichnet, doch in Spoon Cove war es *das* alles andere überragende Bauwerk – ein Bauwerk, das auf Pfählen ruhte.

Tops hatte nicht die Absicht, sein Team samt Irving zur Kirche zu lotsen – Weihrauchgeruch war ihm eher lästig. Dorschleber, ein paar verrottende Lachse oder andere interessante Düfte fehlten an diesem Ort. Da war das eigentliche Dorf hinten in der Bucht schon anziehender, da war alles, was ein Hundeherz höher schlagen ließ – Hundedamen, Katzen zum Rupfen, Abfälle, Hühner.

Doch Tops und Genossen hatten nicht mit Schwester Catherine's Pinscher gerechnet. Einer Pinscherin, wohlgemerkt. Diese zierliche Hundedame war aus dem Raum entwischt, in den Schwester Catherine sie eingesperrt hatte. Denn Schwester Catherine war es nicht entgangen, daß Chouchou heiß war. Und Schwester Catherine glaubte Chouchou, während sie am Harmonium das fromme Tun von Père Rambouillet untermalte und alternierte, vor jedweder Anfechtung in Sicherheit.

Es mögen nicht nur die Dämonen des Bösen gewesen sein, eher ein zu weites Halsband und ein loses Brett in der Wand der Kammer, die Chouchou den Weg in die Freiheit und in die Sünde wiesen.

Just in jenem Augenblick, als Irvings Team sich anschickte zum Einzug nach Spoon Cove, kreuzte Chouchou den Weg der Rüden Tops, Joint, Hupp, Spice, Bath und der Hündin Molly. Chouchou legte kokettes Verhalten an den Sonntagmorgen, doch als Irvings Rüden in wilder, ungebärdiger Leidenschaft auf sie einzudringen anhuben, schien ihr deren geballte Männlichkeit gar zu übermächtig, und sie flüchtete flinkfüßig unter die auf Pfählen stehende Kirche. Die fünf Rüden, die Molly im Schlepp einfach mitrissen, sausten wie die Leibhaftigen hinterher, und Irving schlief immer noch mit einem seligen Lächeln auf den Lippen.

Es hätte auch nichts genutzt, wäre er wach gewesen...
Oben jedenfalls sang Père Rambouillet »Dominüüs vobuscüüm«, denn er war Franko-Kanadier, und die fromme Gemeinde sang »Et cum spiritu tuo«...
dann hechelte und japste und jaulte und bellte es auf einmal unter der Kirche, da polterte und knirschte und schleifte es, da bebte der Boden, als ob der Bockfüßige samt Großmutter persönlich...
»Orem...« Père Rambouillet war im Wort verstummt, die Gemeinde im Schreck erstarrt – und dann klang es mit sich überschlagendem Falsett aus dem Lärm heraus:
»Lard the Holy, jumping Jesus, rotten Jesus, i-i-ihr Huren – söhne, der Teu-Teu-Teufel soll euch in den Hintern fahren und sich in euren Därmen zum Teu-Teufelsfisch aufblasen...«
Die Kinder erkannten Irvings Stimme, ihre Erstarrung löste sich in ungehemmtem Prusten, die Männer bissen sich auf die Lippen.
»Oremüüs« – tönte Father Rambouillet, breitete die Arme, und Schwester Catherine hieb in die Tasten des Harmoniums, aber sie entlockte dem Instrument nur ein ersterbendes Quietschen. Richard Griffin hatte vergessen, die Pumpe, den Blasebalg zu treten. Ärgerlich stampfte Père Rambouillet mit dem Fuß auf –.
»Komm lieber runter und hilf mir, diese achtmal gefickten Huren auseinanderzuknüpfen als da oben aus der Hose zu springen!« schrie Irving, der sich immer noch an einem profanen Ort, das heißt, unter dem Fischlagerschuppen wähnte. Der geistliche Herr wurde rot und blaß im Gesicht. Ein Scharren von Füßen, und als er sich umdrehte, gewahrte er, daß nur noch ein paar irritierte Frauen im Gotteshaus weilten. Die Männer hatten sich herausgestohlen, um Irving ins Bild zu setzen, ihm zu helfen, Tops und Molly, Joint, Hupp, Spice und Bath aus dem Gestrüpp der Pfeiler und Leinen und des Gerümpels zu befreien.
Tops wäre gern weggerannt, weit weg – selbst zurück zu Delima wäre er gelaufen – so viele Männer, so viele Menschen – und der Geruch – Chouchous Parfüm dagegen – Chouchou war weg. Durch die andere, niedere Öffnung war das kleine Teufelsweib entfleucht.
Auch Irving hatte es eilig. Er antwortete nicht auf die halblaut auf ihn einstürmenden Fragen, auf das Lachen – reagierte nicht auf die derb-freundschaftlichen Stubser.
»Ready – go – akkh – akkh –«, schrie er, schwang sich auf den Schlitten – »lauft – lauft – Lard Jesus – lauft!!«

Ein Greenhorn im Paradies der Sportfischer

Ich war kein Angler, bevor ich zum ersten Mal meinen Fuß auf kanadischen Boden setzte. Meine Versuche, ein Petrijünger zu werden, waren bis dahin allesamt gescheitert. Die größten Erfolge hatte ich noch als Heranwachsender. Da gelang es mir mitunter, Stichlinge, Kautzenköpfe und ein paar ähnliche, den Bach im Wiesengrund bewohnende Lebewesen zu erbeuten.
Danach – und obwohl ich mir große Mühe gab und dem Angelsport absolut positiv gegenüberstand – vermochte ich kaum, auch nur das Interesse eines Fisches zu erwecken. Das negative Schlüsselerlebnis ereignete sich schließlich an einem kühlen Sommermorgen, als ein befreundeter Angler mich zur Mosel mitnahm und vor meinen Augen dreiundzwanzig Rotaugen fing – und ich keine einzige. Ich dachte, es sei mir einfach nicht gegeben – so wie es manchen Menschen nicht gegeben ist, grün und blau zu unterscheiden. Dabei möchte ich betonen, daß es nicht bloße Mordlust oder eine billige Befriedigung eines atavistischen Jagdtriebes war, die mich zur Angelei hinzog. Viel eher die Tatsache, daß ich einmal einen großen Teil meiner Freizeit auf dem Wasser, im Paddelboot, verbrachte und zum zweiten, daß ich ausgesprochen gerne Fisch esse. Doch dann kam die erste Kanada-Reise, eine lange Reise auf den Flüssen dieses Landes, die meine Frau und ich mit zwei Kajaks befahren wollten. Was lag näher, als dabei zu angeln? Ich baldowerte aus, wo Angler sich trafen. Fragte, hörte zu, fragte, konsultierte Fachliteratur, und begab mich schließlich in ein Spezialgeschäft.
Als ich ins Freie trat, war ich beladen mit einer Spinnrute – einem wahren Knüppel, einer ganz merkwürdigen Rolle, wie ich sie hinterher nie mehr gesehen habe. Da waren: ein auseinandernehmbares Bambusrohr, ebenfalls mit einer Rolle, ein Sortiment Blinker, eine Aalschnur mit fünfundzwanzig Haken, ein paar hundert Meter festes Zeug, das wohl einem Tigerhai widerstanden hätte, und Pakete einschenkeliger Haken.
Wir fuhren mit einem Frachter hinüber, einem modernen Zwanzigtausendtonner, der gut und gerne seine achtzehn Knoten lief. Als der Reiz des Neuen nach ein paar Tagen auf See nachließ, probierte ich hinten am Heck die »Wurfangel« aus. Der Blinker flog, vom Fahrtwind getrieben, erstaunlich weit und, kaum berührte er

die Wasseroberfläche, bog sich der Knüppel. Ich sah weit unten, am Rande des Kielwassers, den Löffel in großen Sprüngen übers Wasser setzen – bis, ja, bis es einen Ruck gab und der Löffel weg war. Ich verlor auf diese Art ein halbes Dutzend der Glitzerdinger. Es waren keine Fische, die sie abrissen. Heute weiß ich es.
Dann kam die erste Nacht im Zelt. Auf kanadischem Boden. Das war in der Nähe von Ottawa am Gatineau. Ich übte am Abend mit dem Knüppel. Meistens landeten die Blinker im Geäst der Uferbäume. Einige Male freute ich mich, wenn es mir gelang, einen Zehn-Meter-Wurf zu produzieren, aber dann blieb der Haken an einem Unterwasserhindernis hängen. Es erwies sich als fast unmöglich, die Schnur zu zerreißen. Glücklicherweise hielt der »Knüppel« der Belastung stand. Mein Weib grinste hinterhältig.
Sie grinste nicht mehr, als ich mit ihr die Aalschnur fertigmachte und mit Speck bestückte, sie fluchte.
Glücklicherweise war es Ende Mai und schon lange hell. Doch die Schnur brachte ich noch in der Abenddämmerung hinaus in den Gatineau.
Und am Morgen hatte ich den ersten Fisch erbeutet. Es war nicht gerade ein schöner Fisch, auch kein sonderlich großer. Er glich aufs Haar einem jener Kautzenköppe, die wir seinerzeit im Bach Wiesengrund gefangen hatten – nur war er fünfmal so lang und zwanzigmal so schwer. Das meiste allerdings war Kopf.
»Und wenn er giftig ist?« fragte mein Weib.
»Kautzenköppe sind auch nicht giftig!« antwortete ich.
»Wir haben früher immer Kautzenköppe gegessen, obwohl uns gesagt wurde, die seien giftig!«
»Wenn du aber glaubst, ich putze das Monster...«
Ich erschlug es mit einem Felsbrocken. Es dauerte eine Weile. Mein Weib wandte sich entsetzt ab. Dann schnitt ich den Kopf ab – es blieb wirklich nicht allzuviel übrig.
»Wenn wenigstens jemand da wäre, den man fragen könnte, was das für ein Fisch ist?« Sie insistierte.
»Ich jedenfalls esse Fisch zum Frühstück. Die Kautzenköppe haben wir auch immer...«
Wir aßen ihn schließlich, den Fisch. Sie mit gemischten Gefühlen. Auch meine Gefühle waren gemischt, wenn ich es auch nicht zugab.
Schließlich vergaßen wir das Ganze. Also war der Fisch nicht giftig.

Danach suchte ich beim Angeln die Gesellschaft von Fachleuten. Der erste war ein Tankwart am Highway irgendwo in der Nähe der Georgian Bay des Huron Lake, der gerade Feierabend machte. Mit seiner Hilfe fing ich einen Sucker – eine Art Barbe. Ein Spuckfisch übelster Sorte. Doch da er, halbwegs, selbstgefangen war, aßen wir ihn auf.
Dann fing ich an einem Gewässer in der Nähe von Winnipeg einen Mords-Hecht! An die zwanzig Pfund wog das Biest. Wären nicht Freunde dabei gewesen, ich weiß nicht, was geschehen wäre. Denn sie richteten mir das Gerät ein, beköderten das geliehene System, landeten die Beute. Alle Hilfe zusammengenommen, war mehr als *ein* Wermutstropfen im Becher des Ruhmes...
Wochen danach kreuzten wir mit unseren Kajaks in den Gewässern rund um die Gulf Islands – zwischen der Vancouver-Insel und dem Festland. Wo es gewaltige Lachse gibt. Ich hatte einen Löffel hinter Schnubbels – meines Weibes – Boot gebunden.
»Laß das!« rief sie. Sie fuhr auf einmal rückwärts, und ich war gar nicht in der Nähe. Ich kam ihr zu Hilfe. Dann gab es einen Ruck, und ihr Kajak bewegte sich wieder dahin, wohin sie wollte. Wer oder was da hinten gezogen hatte, erfuhren wir nie.
Dann angelten wir an einem historischen Platz, am Soda Creek. Bis dorthin war seinerzeit Mackenzie den Fraser River hinuntergefahren. Doch weiter traute er sich nicht mehr. Weil der Fraser zu wild wurde.
Mein Angelmentor war Peanut, der siebenjährige Sohn eines ausgewanderten Westfalen. Wir erbeuteten zwei Dutzend Forellen. Die schwerste wog achtzig Gramm. Peanut sagte, die Forellen im Soda Creek würden nicht größer.
Am Nelson fingen wir einen kleinen Sucker, am Nahanni zwei. Mit der Aalschnur – auf Speck. Schließlich verbrannte Schnubbel die Schnur. Denn ein gordischer Knoten ist eine matte Sache gegen eine Aalschnur, die sich verwickelt hat.
Am Mackenzie River fingen wir Welse! Großmächtige Burschen. Wir fingen sie mit einer Nachtangel. Die bestand aus einer Plastikflasche als Schwimmer, einem Stück von der starken Schnur, einer Art kleinem Fleischhaken, den ich einem Indianer für einen Dollar abgekauft hatte. Den Schwimmer banden wir mit einer Leine an einen Baum. Der Köder war das, was wir gerade hatten: ein Stück Zucker, Speck oder Würmer.
Die Welse schmeckten uns ausgezeichnet.

Weiter oben an der Beaufort-See, fingen wir Weißfische. In einem Netz, das wir einem Eskimo abgekauft hatten.
Drei Monate waren wir in Kanada. Und auf die »sportliche« Art hatte ich kaum einen Fisch gefangen!
Nicht, daß ich's nicht probiert hätte; ich hatte es sosehr, daß ich nur noch einen einzigen Blinker besaß. Auch der ging buchstäblich in die Binsen – bzw. in einen versunkenen Ast. Das war am Bell River, bereits im Yukon, nördlich des Polarkreises.
In Joe Netro's Store in Old Crow, nahe der alaskischen Grenze, erstand ich für fünfzig Cent dessen letzten Löffel. Er war golden, und hintendran war ein Drilling. Und dieser Löffel war das, worauf die Hechte gewartet hatten! Ich fing so viele Hechte, daß wir davon lebten, daß wir Hecht zum Frühstück, Hecht zum Mittagessen und Hecht zum Abendtisch essen konnten – und mußten. Denn in Joe Netro's Laden waren nicht nur die Angelhaken knapp. Ich fing – als ich zusätzlich noch ein Stück rotes Taschentuch in den Drilling steckte, sogar Äschen damit. Ich unterwies Indianer im Hechtangeln. Die Indianer bekamen fast die Maulsperre.
Den goldenen Blinker – der am Schluß der Reise nur noch teilweise golden war, habe ich lange aufbewahrt. Ich habe ihn als Talisman getragen. Seit einem Umzug ist er allerdings verschollen.
Ich habe also erfahren – wie schon so mancher vor mir, und wie noch mancher nach mir erfahren wird, daß es nicht reicht, sich mit einer Angel zu bewaffnen und sich ins »Gelobte Land« zu begeben und gleich die dicksten Trophäen wegzuschleppen...
Gewiß zeigt's einem der Guide, gewiß kann man's, wenn man sich darauf konzentriert, auch an Ort und Stelle lernen. Trotzdem: das Lehrgeld sollte man besser zu Hause bezahlen, d. h. sich dort zumindest mit den Grundbegriffen vertraut machen.
Weiter wird einem die Erkenntnis helfen, daß Kanada ein Subkontinent ist, breiter als der Atlantik und, in der Nord-Süd-Ausdehnung auf Europa projiziert, sich zwischen Spitzbergen und Rom ansiedeln würde. Da kann sich also jeder an den fünf Fingern abzählen, daß es in Britisch-Columbia anders aussieht als in Neufundland, und daß am Erie-See andere Fischarten heimisch sind als auf Ellesmere Island.
Ferner liegen auch in Kanada die wirklich guten Fischgründe nicht gleich am Airport und auch nicht gleich hinter dem Motel am Highway – von ein paar Ausnahmen abgesehen.
Das, was der abwasserproblemmüde Mitteleuropäer sucht, liegt

meist fernab von jeglicher Straßenverbindung. Meist muß man dorthin fliegen, und zwar mit einem kleinen, speziell gecharterten Buschflugzeug. Und alles, was dem Angler das Leben angenehm macht, muß ebenfalls eingeflogen werden: die Unterkünfte, die Küche, die Boote, die Outboarder, der Sprit. Daß das teuer ist, kann man sich ebenfalls an den fünf Fingern abzählen. Es kann tausend Dollar und mehr pro Woche kosten, auf atlantischen oder pazifischen Lachs, arktischen Saibling, Binnenseeforelle, Binnenlachs oder große Bachforellen zu jagen. Für den Fall, daß man die Angelei als Spaß ansieht und nicht ein persönlicher oder sonstiger Rekord aufgestellt werden muß, gibt es wesentlich billigere Möglichkeiten. Eine Garantie gibt's auch nicht in den teuren Camps – allerdings fast ohne Ausnahme guten Sport.

Ich persönlich bin der Ansicht, Angeln sollte *ent*spannen; es sollte variabel sein, mal Spaß machen, mal etwas für die Pfanne bringen. Für den, der es von dieser Seite sieht, ist Kanada tatsächlich das Gelobte Land!

Denn neben den oben erwähnten »adligen« Salmoniden gibt es noch andere, wenn auch etwas niederer Herkunft, so doch keineswegs verachtenswerte Partner! Das sind die »Muskies«, die Hechte und Zander, die Barsche, Barben und Weißfische, die Karpfen, Goldaugen, Welse und Aale – von der weiten Skala der Salzwasserbewohner einmal abgesehen.

Fast hätte ich gesagt, »leider« hat auch hier der Kanufahrer mit leichtem Gepäck die größten Chancen! Er kann sich nach Belieben an guten Stellen festsetzen, kann an minderen vorbeiziehen. Keine Bucht, kein Kehrwasser, keine Enge bleibt ihm unzugänglich – und hinzu kommt: seine Art, Reisen mit Angelspaß und Verpflegungsaufbesserung zu verknüpfen, ist die billigste überhaupt!

Zu dem »Who is who« der Außenbordskameraden noch etwas Grundsätzliches: die allermeisten Gewässer, vor allen Dingen die im Norden, sind absolute Wildnis. Das Angeln an ihnen erfordert einige entsprechende körperliche Voraussetzungen, es sei denn, man bleibt im Camp oder man begnügt sich mit dem Schleppen vom Outboarder aus...

Waidmannsheil!

Kanadische Fauna – im allgemeinen und besonderen

Von Hans Ellrodt

Irgendwann in der Frühgeschichte der Menschheit folgte eine Horde asiatischer Rentierjäger ihrer Beute – so wie es ihre Vor- und Vorvorfahren getan hatten. Ohne feste Unterkunft; sie schliefen in Erdhöhlen, unter überhängenden Felsen, zwischen Blökken, die das zurückweichende Eis verstreut liegen ließ. Ihr Zuhause war das Ren, und das folgte dem zurückweichenden Eis in nordöstlicher Richtung.

Mit ihnen zogen andere Horden – besser Rudel – von Wölfen, auch sie auf der Fährte der Cerviden. Auch für sie bedeuteten die Rentiere Leben – oder zumindest Überleben.

In jenen eisgrauen Vorzeiten mag sich bereits die Feindschaft herausgebildet haben, die bis in die Neuzeit hineinreicht. Die Rivalität, die ihre Ursache im Futterneid hat. Der Wolf war damals beim Wettbewerb um die Lebensquellen »Ren« dem Menschen gegenüber weit im Vorteil. Seine Trümpfe waren die größere Schnelligkeit, Kraft, Ausdauer – das bessere »teamwork« im Rudel.

Kaum vorstellbar dagegen waren die Schwierigkeiten der Fleischbeschaffung für die Urmenschen. Ein starkes Tier wie ein Ren aus

einem Hinterhalt heraus anzuspringen, niederzureißen, mit dem Faustkeil zu töten, ihm womöglich mit einem Steinwurf die Beinknochen zu brechen, eine Herde in einen Abgrund zu treiben.
Oft genug waren es nur Maden, Insekten, Flechten, die das Überleben jener vorgeschichtlichen Jäger sicherte. Denn im Gegensatz zum Wolf waren sie Allesfresser. Es war die einzige Möglichkeit für den Urmenschen, die bescheidene körperliche Ausstattung zu kompensieren. Sicher wird den in ein paar Fellstücke gehüllten und faustkeilbewehrten Menschen oft nichts anderes übriggeblieben sein, als mit den Resten der Wolfsmahlzeit vorliebzunehmen.
Doch davon soll hier nicht primär die Rede sein. Viel eher von der Tatsache, die den Frühmenschen nicht bewußt sein konnte: daß sie zusammen mit dem Ren, dem Wolf und einer Reihe anderer euro-asiatischer Tierarten über die damals wohl vorhandene Landbrücke (oder war es eine Eisbrücke?) zwischen Asien und Amerika in die Neue Welt eingewandert waren.
In einem, wie es scheint, von Tieren dünn besiedelten, noch menschenleeren Kontinent.
Im Gefolge von Ren, Wolf und Mensch kamen Wildschaf (Dall- und Bighorn), Bergziege (Schnee-Antilope), Hirsch (Elk-Wapiti), Büffel (Bison), Braunbär (Grizzly), um nur einmal vom Großwild zu sprechen.
Bis zu dieser Epoche war Nordamerika Heimat des Schwarzbären, der Weiß- und Schwarzwedelhirsche, des Maultierhirschen, der Pronghorn-Antilope, des Berglöwen.
Die Mammuts, Höhlenbären, Riesenhirsche und Säbelzahntiger des Diluviums waren der nacheiszeitlichen Erwärmung und den damit verbundenen Veränderungen der Existenzbedingungen zum Opfer gefallen.
Doch zurück in die Neuzeit.
Mit den Zeichnungen von Clarence Tillemus seien die imposantesten Vierbeiner des Subkontinents vorgestellt:

Der *Elch* wäre das Wappentier Kanadas, hätte ihm nicht der Biber den Rang abgelaufen. Dessen Fell war der Anreiz für die Waldläufer, immer weiter in den wilden Norden und Westen des Landes vorzudringen. Dem sympathischen Biber wollen wir diesen Ruhm nicht neiden – der Elch (moose) ist ohnehin ein respekteinflößendes, beeindruckendes Wesen. Man muß einmal einen äsenden Bullen gesehen haben, wie er schultertief im Wasser steht, wie er

Links: Mr. Biber geht an Land

Rechts: Begegnung am Biberdamm

das Haupt hebt, wie in der Sonne funkelnde Kaskaden von den weit ausladenden, mit Wasserpflanzen drapierten Schaufeln stürzen und sprühen. Er ist ein gewaltiges diluviales Fossil, das bis zu einer Tonne schwer wird. Sein Lebensraum erstreckt sich von Neufundland quer über den Subkontinent bis nach British-Columbia.

Nicht minder beeindruckend ist der *Wapiti,* die größte Hirschart der Welt. Wapitis erreichen ein Gewicht von tausend Pfund. In Kanada heißt er »elk« – doch mit einem »moose« hat er nichts gemein. Zum Unterschied zu unseren Hirschen schiebt der Wapiti keine Krone. In Kanada ist er in British-Columbia und Alberta zu Hause.

Maultier- und *Schwarzwedelhirsch* sind eng verwandt und bevorzugen dieselben Lebensräume. In freier Wildbahn sind sie kaum voneinander zu unterscheiden.

Dagegen ist der Cervide mit dem weißen Mop, der *Weißwedelhirsch* zierlicher; im Gegensatz zu seinen Vettern sucht er geradezu die Nähe der Menschen. Diese eleganten Tiere leben in den Prärieprovinzen und in British-Columbia.

Der *Cougar* oder *Berglöwe* ist ein scheuer Bewohner des westlichen Kanada. Er wird bis zweihundert Pfund schwer, ist so stark, daß er ohne Schwierigkeiten ein Pferd töten könnte, entwickelt aber selbst vor einem kleinen Terrier eine höllische Angst und flüchtet auf den nächsten Baum, wo er dann zu einer leichten Beute für den Jäger wird.

Der *Schwarzbär,* der »Baribal«, ist *das* Schlitzohr unter den Vierbeinern Kanadas – ein ungeheuer opportunistisches, schlaues Wesen. Trotz aller Nachstellung versteht er es, zu überleben. Tiefes Mißtrauen, Scheu vor dem Menschen, sind dafür genauso Voraussetzung wie sein Appetit auf alles Eßbare. Seine Kost ist übrigens zu 80% pflanzlichen Ursprungs. Sein Lebensraum umfaßt ganz Kanada außer den Hochgebirgs- und Tundraregionen.

Eine der gesuchtesten Trophäen bei den Jägern Nordamerikas ist die *Pronghorn-Antilope,* die einzige ihrer Art, die das Gehörn abwirft. Mit ihrer Schulterhöhe von etwa 90 cm sieht sie unserer Gemse nicht unähnlich. In Kanada lebt sie in Alberta und British-Columbia.

Die *Schnee-Antilope* oder Bergziege ist der bärtige Patriarch des Hochgebirges. Und ähnlich manchem störrischen Großvater ist sie nicht immer auf Freundlichkeiten programmiert. Bis 350 Pfund wird die Antilope schwer. Sie ist ein hervorragender Kletterer. Zu den unvergeßlichen Erlebnissen gehört es, ein solch großes Tier, auf den Hinterbacken sitzend und mit den Vorderläufen bremsend, ein steiles Geröllfeld herunterrutschen zu sehen.

Das *Rocky Mountain Bighorn-Schaf* (Ovis canadiensis canadiensis) und *Dall-Schaf* (Ovis dalli dalli) gehören zur Gattung der Ovi. Während das erste eine braune Decke und starke Schnecken trägt, ist letzteres cremeweiß, führt dem Florett ähnlichere Waffen und lebt nördlich des sechzigsten Breitengrades.

Das Wildtier, das den ursprünglichsten Beitrag zur Besiedlung Nordamerikas geleistet hat, ist das Ren, oder besser sein Vetter, das *Caribou.* Ähnlich wie das Ren Lapplands war das Caribou die Existenzgrundlage für die subpolaren Indianer- und Eskimostämme des kanadischen Nordens. Leider wurden die nach Millionen zählenden Herden blutig zusammengeschossen. Nur ein paar hunderttausend Exemplare sind erhalten geblieben. Aber immer noch ist eine vorbeiziehende Caribou-Herde einer der faszinierendsten Eindrücke, den die subarktische Tundra zu bieten hat.

Der *Wolf,* der Stammvater des »besten Freundes des Menschen«, ist mit seinen 27 Subspezies noch über ganz Kanada verbreitet, obwohl er weitgehend als »vogelfrei« gilt, trotz seiner wichtigen Rolle in der Ökologie.
Offensichtlich ist seit jenen eingangs besprochenen Urtagen im Menschen ein durchaus einseitiges, in den tiefsten nebelhaften Sphären des Unterbewußtseins eingelagertes Wettbewerbsden-

ken unausrottbar verankert. Eine für den Wolf tödliche Feindschaft, die von uns Zweibeinern hoffentlich nicht zu spät überwunden wird.

Die polaren und subpolaren Vertreter der Gattung Ovibos, die *Moschus-Ochsen,* sind in der Tundra am Thelon River und auf den Arktischen Inseln wieder angesiedelt worden. Die größte Schulterhöhe der Bullen beträgt 1,5 m. Ihnen wurde die Phalanx, die sie zur Abwehr der Wölfe bildeten, zum Verhängnis. Eine Verteidigungstaktik, die gegen Schußwaffen genauso zwecklos war wie das Anrennen der Azteken gegen die Arkebusen der Konquistadoren.

Obwohl der *Prärie-Büffel* (Bison-Bison-Bison) im Gegensatz zu dem Waldbüffel (Bison-Bison-Athabascae) praktisch als jagdbares Großwild von der Bildfläche verschwunden ist (zu sehen ist er halb-domestiziert auf Ranches und in Nationalparks), seien ihm in diesem Zusammenhang ein paar Worte gewidmet:
Was das Caribou, das nordamerikanische Ren, noch heute für Eskimos und nordkanadische Indianer bedeutet, war der Prärie-Büffel für die Indianer bis weit in das 18. Jahrhundert hinein: wichtig-

ster Nahrungs-, Wohnungs- und Kleidungslieferant (die Büffelhaut als Tipi-Abdeckung usw.).
Allerdings hatten die Indianer vor der Ankunft der Weißen – erst durch sie sind sie in den Besitz von Pferden gelangt – ihre liebe Not, mit ihren steinzeitlichen Waffen diesen wehrhaften Tieren beizukommen. Oft konnten sie nicht viel anderes tun, als eine Herde in kopflose Panik zu versetzen und über einen felsigen Abgrund zu treiben – so z. B. über den »buffalo jump« in Yellowstone.
Doch auch die Weißen nutzten die Fleischquelle. Der »Wilde Westen« wäre längst nicht so rasch besiedelt worden, hätte nicht der Büffel die Eindringlinge mit Nahrung versorgt und während des eisigen Präriewinters mit seinem zottigen Fell vor dem Erfrieren bewahrt.
Die Eisenbahnen, quer durch den Kontinent angelegt, bedeuteten schließlich das endgültige Todesurteil für den Bison: Ungeheure Mengen Fleisch waren nötig, um die Kohorten der irischen, skandinavischen und chinesischen Arbeiter zu versorgen. Nach Fertigstellung der Bahn hatten die professionellen Büffeljäger die Möglichkeit, die Häute im großen Stil abzutransportieren. Dabei ist es eine blutige Ironie des Schicksals, daß die Trasse der Eisenbahnen in vielen Fällen den Büffel-Trails folgte, daß ohne dieses Großwild der Bau viel langsamer vonstatten gegangen wäre.
Die Indianer beteiligten sich endlich an der Vernichtung ihrer Existenzgrundlage nach Kräften – eine weitere makabre Farce der nordamerikanischen Geschichte. Dabei spielt es keine Rolle, ob die Rothäute in einer verzweifelten und selbstmörderischen Absicht nach dem Prinzip der »verbrannten Erde« die weißen Siedler treffen wollten, oder ob sie ganz einfach die Kontrolle über sich und die Effektivität der modernen Waffen verloren.
Die überlegene Logistik der Weißen hatte zu diesem Zeitpunkt längst die Nachschubwege ausgebaut, die Versorgung gesichert. Der Bison als jagdbares Großwild wurde ausgelöscht; aus den stolzen und freien Prärieindianern wurden dahinvegetierende Almosenempfänger.

Großwildjagd in Kanada

von Willi Weier

Die verschiedensten Wildarten sind natürlich nicht gleichmäßig über das ganze Land verteilt. Der Jagdgast muß also von vornherein wissen, was er will, was er seinem Geldbeutel – und last not least seiner körperlichen Konstitution zutrauen kann. Das dürfte bei jedem an Kanada interessierten Jäger vorausgesetzt werden – doch zeigt die Praxis, daß es in Wirklichkeit anders ist.
Grundsätzlich ist zu sagen, daß der Jagdgast neben den Abschußgebühren, in Provinzen und Territorien unterschiedlich, keine besonderen Trophäengebühren der Größe nach zu zahlen hat. So kostet z. B. eine Weltrekordtrophäe der einen oder anderen Wildart keinen Dollar extra, wie in den Ostblockstaaten oder sonstwo in der Welt üblich. Neben der verhältnismäßig geringen Abschußgebühr einer Wildart ist lediglich die in Anspruch genommene Dienstleistung zu zahlen, die je nach Jagdgebiet, den sich daraus ergebenden Schwierigkeiten, z. B. der mehr oder weniger weite Einflug mit einem Buschpiloten, die Benutzung eines Bootes oder

eines kostspieligen Pferde-Outfits, unterschiedlich berechnet wird. Gemessen wird Kanada immer wieder an Alaska, dem Mekka des deutschen Jägers, zumal des Deutschen liebste Trophäe, der Elch, angeblich nur dort zu so gewaltiger Größe heranwächst. Dazu ist folgendes festzustellen: in Kanada gibt es neben dem Riesen Alaska-Yukon-Elch, der nur im Yukon, den Mackenzie Mountains der Nordwest-Territorien und natürlich in Alaska vorkommt, noch zwei weitere Subspezies der Gattung: den Canada Moose und den Wyoming oder Shiras Moose. Die Trophäen beider Unterarten sind kleiner. Doch ein großer Teil der europäischen Jäger geht – da es billiger ist – in deren Lebensräume. Und die Trophäen werden am Alaska-Elch gemessen, obwohl im Yukon wie auch in den Mackenzie Mountains ebenso starke Elche zur Strecke kommen.

In Alaska jagen alljährlich ca. 1200 deutsche Jäger gegen nur 400 in ganz Kanada, und nur 50–80 halten sich im Yukon oder in den Mackenzie-Bergen auf. An der Zahl gemessen, müßten die Rekorde in Alaska nur so purzeln. Zwar mögen die erlegten Schaufler im Schnitt größer sein – doch kommen ausgesprochene Spitzentrophäen fast jedes Jahr auch aus Kanada.

Ein großer Jagdvermittler in Alaska warb mit dem stärksten Elch der Jagdsaison 1974, der mit 240 Punkten vermessen wurde, während in den Mackenzie Mountains 1974 ein Schaufler mit 248⁷/₈ Punkten zur Strecke kam. Zwar wurde vor Jahren der Welt stärkster Elch (251 Punkte) in Alaska gestreckt. Doch das nach einer über Jahre dauernden Flugzeugjagd eines Mannes, der unbedingt – koste es, was es wolle – den Weltrekord-Elch in das Boone-and-Crockett-Record-Buch bringen wollte! Dichtauf folgt ein Schaufler aus den Mackenzie-Bergen mit nur 2¹/₈ Punkten weniger und auf einer normalen Jagd erlegt! Auch folgt der weltgrößten Auslage eines Elches aus Alaska mit 82,5 Inch ein »moose« aus den Mackenzie Mountains mit 81,5 Inch.

Die in Alaska allgemein gepflegte Art, direkt oder indirekt mit dem Flugzeug zu jagen, ist in Kanada verboten. Hier jagt man gewöhnlich – besonders im Yukon und den N. W. T. – mit Pferden. Das erschwert das Ausmachen starker Schaufler, die irgendwo im Busch stehen und so gar nicht gesehen werden können, während das Flugzeug große Strecken überfliegt. Dagegen hat jeder Jagdausrüster im Yukon oder N. W. T. ein festumrissenes, bis zu 20000 km² großes Jagdgebiet, in dem nur er mit Gästen jagen darf.

Neben dem Elch kann man meist im Yukon oder in den Mackenzie Mountains auf Caribou, Dallschaf, Grizzly, Schwarzbär und Wolf und evtl. auch auf Schneeziegen jagen. Im Durchschnitt sind bei guten Outfittern bis drei Trophäen der verschiedensten Wildarten möglich. Bei dreiwöchigen Jagden darf man bis zu fünf Trophäen mitnehmen, und das ist keine Seltenheit.
Diese ausgesprochenen Wildnisjagden im Yukon und den N. W. T. können nicht billig sein. Oftmals müssen vor der letzten Ansiedlung oder Straße die zur Jagdausübung benötigten Pferde über 500–700 km in die entlegene Wildnis geritten werden, zum Teil beladen mit all den Ausrüstungsgegenständen. Gemessen an den Preisen in Alaska sind diese Jagden dennoch weitaus billiger, erlebnisreicher und – darauf legt ja gerade der deutsche Jäger allergrößten Wert – waidgerechter.
In diesen Wildnisgebieten gibt es keine bedrohten Wildarten. Im Gegenteil – früher lebten in der Wildnis neben Trappern (fast an jedem Bachlauf) herumziehende Indianer, die für sich und ihre Hunde Tonnen und aber Tonnen Wildbret erlegen mußten. Meistens schossen die Waldläufer, besonders für sich, nur junges und nach Möglichkeit weibliches Wild. Doch die Eingeborenen und die Trapper haben seit Jahren die Wildnis verlassen, leben in den Ansiedlungen. Sie jagen, wenn überhaupt, vor der Haustür oder bedienen sich im Supermarkt. Überpopulation bei der einen oder anderen Wildart sind gebietsweise die Folge. Der Jagdausrüster kann in seinem Gebiet nur einen verhältnismäßig kleinen Teil bejagen. Zur Zeit wird nur ein Bruchteil des normalen Zuwachses erlegt.
Bedingt durch die orthodoxe Ausübung der Jagd ist zu hoffen und zu erwarten, daß in Kanada noch lange einige der letzten Jagdparadiese dieser Welt erhalten bleiben.

Bären en gros und en detail

von Günter Baumgart

Wer die Wildnis Nordkanadas betritt, die Tundren des Ostens und die Berge des McKenzie-Distrikts im Westen durchstreift, wird sich die Frage gestellt haben: »Wann stehst du vor deinem ersten Bären?«

Auch ich stellte mir diese Frage, als ich vor einigen Jahren die Wildnis Nordamerikas durchstreifte. Wie wird es ausgehen? Wie wird der Herr der Wälder gelaunt sein? Wie wird er reagieren? Eine wichtige Frage, wenn man so einem Riesen gegenübersteht. Nichts trennt, kein Graben – kein Gitter. Ich sage mir, es hängt zum großen Teil von dir selbst ab. Dein Wissen vom Verhalten der Tiere, die noch nicht von der großen Angst vor dem Menschen geprägt sind. Nur dein eigenes Verhalten kann die Situation beeinflussen.

An einem warmen Augusttag kam für mich die Stunde der Wahrheit. Ich stand auf der flachen Tundra und hatte eben einen belichteten Film aus der Kamera genommen. Vor mir standen drei Jungwiesel auf den Hinterbeinen und wollten es ganz genau wissen. Sie wunderten sich sehr über das komische Zweibein mit den großen, glänzenden Augen mitten im Gesicht.

Gewohnheitsgemäß sah ich flüchtig in die Landschaft – und da war etwas! Ein heller Fleck auf einem Berghang oberhalb eines grünen Waldstreifens. Fernglas hoch, ein Grizzly! Tausend Gedanken stürzten durch den Kopf. Gefahr, Angriff, Anstrengung, Fotos, was jetzt tun, und vieles mehr. Übrig blieb der Wunsch nach ein paar guten Bildern.

Ich faßte den Entschluß. »Dieser Bär wird angegangen.« Nervös machte ich einen Plan. Nichts ist in der Wildnis gefährlicher, als planlos zu handeln.

Auf keinen Fall durfte ich den Grizzly auf direktem Weg angehen. Er befand sich unmittelbar an der Waldgrenze, konnte in den Wald gehen, mir entgegen.

Aber da war eine große Rinne, dicht mit Weidenbüschen bewachsen. Dort konnte ich hinauf, den Bären umgehen, um ihm auf der

Braunbär (Grizzly) mit einem Lachs am McNeil River

freien Grasfläche zu begegnen. Ich mußte den Grizzly unbedingt übersteigen, weil tagsüber gewöhnlich der Wind bergwärts weht. So mußte es gehen! Ich buckelte den schweren Rucksack mit den Kameras und begab mich zum »Treffpunkt«. Nach einigen hundert Metern durch das knietiefe Gestrüpp der Tundra stieg ich in die Rinne ein. Schrittweise kämpfte ich mich durch den Weidendschungel. Die Elch-Trails waren eine Hilfe, aber geschenkt wurde mir nichts. Der Schweiß rann in den Kragen und tropfte von der Nase. Völlig erschöpft kam ich am Ende der Rinne an, unterhalb einer Felswand. Nun mußte ich traversieren, um die freie Wiesenfläche zu erreichen. Endlich war ich aus dem Dickicht heraus. Noch ein paar Schritte auf die freie Fläche, dann ließ ich alles fallen, warf mich hin. Als der Atem wieder ruhiger ging, suchte ich den Bär mit dem Glas. Nichts! Der hatte sich verdrückt. Sicher hatte er sich mit Berggras vollgeschlagen und bummelte jetzt herum. Satt bummelt es sich am besten.

Längst hatte ich die Kamera fertiggemacht und saß eine geraume Weile. Die Umgebung behielt ich ständig im Auge, um vor jeder Überraschung sicher zu sein. Ich schätzte die Entfernung zum nächsten Baum, denn Grizzlys klettern nicht auf Bäume.

Da sah ich eine Bewegung am unteren Waldrand. Ich täuschte mich nicht. Ein mittelalter Toklat-Grizzly mit cremefarbenem Pelz tauchte auf und marschierte direkt auf mich zu. Obwohl er die Nase dicht am Boden hielt, konnte ich deutlich die pechschwarze Gesichtsmaske erkennen.

Es wirkt erfrischend auf das Selbstbewußtsein, wenn die Taktik richtig war. Der Bär kam nämlich genau aus der Richtung, aus der ich gekommen wäre, hätte ich den direkten Weg genommen. Im dichten Busch wäre das nicht sehr angenehm gewesen. Wenigstens nicht für mich.

Noch war er nicht zu fotografieren, und ich wartete ab. Den Kopf mußte er schon hochnehmen. Dreißig Schritte entfernt, änderte er die Richtung und lief seitlich von mir weg. Da passierte es! Urplötzlich spürte ich einen kühlen Windhauch im Nacken und fast im selben Moment schien der Grizzly zu explodieren. Es klang wie der trockene Husten eines Asthmatikers. Pfeifend zog der Bär die Luft durch die Nase und starrte zu mir herüber. Dann kam er langsam steifbeinig auf mich zu. Das war mir dann doch zuviel. Ich erhob mich in voller Größe und sprach beruhigende Worte zu ihm. Er mußte Zeit bekommen, mich zu lokalisieren und Zeit für die

Feststellung, daß ich ungefährlich war. Daß ich ein Mensch war, hatte er wohl schockartig erkannt.
Meine Ansprache schien Eindruck zu machen. Der Grizzly verhielt, drehte ab und verschwand schnaufend in den Büschen.
Was war passiert? Eine dunkle Wolke hatte sich vor die Sonne geschoben. Der Wind war umgesprungen und blies dem Grizzly meine Witterung direkt ins Gesicht. Die Reaktion war spontan.
Ich konnte sechs Aufnahmen schießen und war um ein herrliches Erlebnis reicher.
Ich will noch etwas über das Leben der Braunbären in Kanada erzählen. Wir finden eine Vielzahl von Varianten des Grizzlys vor. Sie unterscheiden sich in Körperform und Fellfarbe. Westlich der Hudson Bay lebt der Barrenground-Grizzly, den man bis hinüber zu den Ausläufern der Mackenzie-Berge antreffen kann. Im westlichen Kanada wohnt der Berg- und Waldland-Grizzly, seine unzähligen Farbvarianten sind allein von den Lebensräumen geprägt. Ob Silbergekrönter oder Tundrabär, sie haben alle den gemeinsamen Urvater.
Der Kluane-Grizzly in den St. Elias Mountains, der Toklat-Grizzly der Alaska Range, der Tanana-Grizzly sind allesamt Braunbären und würden sich ohne Vorbehalte paaren.
Der Schwarzbär oder Baribal ist die häufigte Bärenart Nordamerikas und bevölkert allen Nachstellungen zum Trotz den gesamten Kontinent von Meer zu Meer. Er ist sehr anpassungsfähig und ist damit die am wenigsten gefährdete Bärenart.
In der Hudson Bay lebt eine abgeschlossene Polarbärenpopulation. Diese Gruppe haust sommers im Süden der Hudson Bay und zieht mit Beginn der Eisbildung auf die Hudson Bay nach Norden zu den Robbengründen.
In der Gletscherwelt der Westküste, in der Yakutat Bay, lebt ein kleiner blauer Bär. Dieser Gletscherbär ist eine Unterart des Schwarzbären, der sogar noch einen weißen Ableger auf den Inseln vor der Küste British-Columbias hat, den Kermode-Bär.
Bären sind Allesfresser. Das Angebot regelt die Nachfrage. Von den Wurzeln der Bergpflanzen bis hin zu ausgegrabenen Erdhörnchen, Lachse im Sommer, Gras, süße Beeren im Herbst ist den Bären als Nahrung alles willkommen. Achtzig Prozent der Nahrung besteht aus Pflanzen und nur etwa zwanzig Prozent ist Fleischnahrung. Das Nahrungsangebot hat einen entscheidenden Einfluß auf Größe und Gewicht. Die halbtonnenschweren Riesen der Kodiak-

insel und der Peninsula Südwestalaskas sind die gewaltigsten Bären der Welt. Allerdings soll ihnen der hellere Kamtschatka-Bär im gegenüberliegenden Sibirien nicht nachstehen. Den härtesten Bär wird der Wildnisbesucher Kanadas in dem riesigen, menschenleeren Gebiet der Mackenzie Mountains finden, deren Abschluß nach Norden die Richardson-Berge bilden. Hier leben Berggrizzlys unter unwirtlichsten Bedingungen. Gerade drei Monate Sommer müssen ihm reichen, um sich mit Nahrung vollzustopfen. Bereits im September muß er wieder im Winterquartier sein. Unter meterhohen Schneemassen begraben, wartet er hier bei extremen Kältegraden auf den nächsten Frühling. Und das wird erst im Juni des nächsten Jahres sein. Aber es ist eine letzte Zuflucht! Wenn die letzten Brownies auf der Kodiakinsel schon längst verschwunden sein werden, weil der Mensch diese Lebensräume der Riesenbären vernichtet hat, wird der Berggrizzly noch eine Chance haben, in dieser Einöde weiter zu leben.

Es kann natürlich sein, daß man monatelang in der Wildnis herumkriecht und nicht einmal ein Bärenhaar sieht. Es gibt aber auch noch Gegenden, wo der Neuling nachts im Zelt kein Auge zubringt. Ständig spitzt er die Ohren, weil er das scharfe Rascheln der Gräser hört. Das ist nicht der Wind, o nein, es sind die schweren Brownies, wenn sie auf ihren Gängen das hüfthohe Gras streifen. Aber mir hat bis jetzt noch keiner ins Zelt geguckt, was durchaus im Rahmen der Möglichkeiten liegt.

Ich kenne eine Gegend, wo man noch so viele Bären sieht, daß man davon träumt. Wer also in Kanada keine Bären gesehen hat, nimmt das nächste Flugzeug nach Anchorage in Alaska. Es muß im Juli sein, weil dann die Lachse in den Flüssen steigen. In Anchorage geht man zur Jagdbehörde, zu »Fish and Game« in der Raspberry Road. Dort muß man ein Permit beantragen, das in der Regel gewährt wird. Das ist notwendig geworden, weil inzwischen zu viele Menschen zu wenige Bären sehen wollen. Noch besser, wenn man das Permit schon geraume Zeit vor der Wildnisreise, also in der Heimat beantragt hat. Dann wird die Chance größer, für fünf Tage die Wasserfälle am McNeil River zu besuchen. Eine Linienmaschine fliegt nach Homer, einer kleinen Hafenstadt an der Kachemak Bay. Hier muß man sich nach einer Chartermöglichkeit umsehen. Homer Air oder Kachemak Air Service fliegen zum McNeil.

Das kleine Flugzeug trägt uns in einer Stunde über den Cook Inlet

zur Kamishak Bay. Vor uns liegt die gigantische Kulisse der Aleutian Range mit ihren rauchenden Vulkanen. Aus dem Gipfelkrater eines hohen Berges, an dem wir unmittelbar vorbeifliegen, quillt es wie aus dem Schlot eines Dampfers.
Es ist die Augustine-Insel, eine Zeitbombe von unvorstellbarer Gewalt. Dieser Krakatau-Vulkan wird von den Stethoskopen der Wissenschaftler behorcht. Keiner weiß, wann er auseinanderfliegt. Nach der Landung auf der McNeil-Lagune empfängt uns der Game Warden; weist uns den Zeltplatz zu. Halten wir uns an das, was der freundliche Mann uns sagt, wenn er auch nicht für unsere Sicherheit verantwortlich ist. »Geht den Tieren mit Ruhe und Respekt aus dem Weg, dann wird es keine unangenehmen Zwischenfälle geben«, ruft er uns nach.
Was für uns das Glück ist, ins Paradies zu schauen – für die Bären ist es der Alltag. Liebe, Streit, Neid und Angst liegen dicht nebeneinander. Auch dort verstecken sich die Bärenkinder hinter dem breiten Rücken der Mutter, wenn es Streit bei den Erwachsenen gibt. Respektvoll wird Platz gemacht, wenn Großvater die Szene betritt. Dort versucht ein Stümper dem guten Fänger die Beute abzujagen. Ein Brownie steht bis zur Brust im Wasser und packt mit den Fängen den mächtigen Lachs. Mit den Tatzen hält er lediglich die Beute fest. Die dolchartigen Krallen bohren sich erschreckend tief in den Fisch.
Unvergeßliche Erlebnisse in einer absoluten Landschaft. Aber wie lange noch? Die roten Helikopter der Ölsucher schwirren bereits über dem McNeil.

Büffel in den Northwest Territories

von Willi Weier

Der Indianer Frank Laviolette aus Fort Smith, N. W. T., ist als einziger Outfitter von der Regierung mit der Durchführung der Büffeljagd für Jagdgäste beauftragt.
Der Ausgangspunkt für die Büffeljagden ist Fort Smith, N. W. T. (Linienflugplatz, erreichbar von Edmonton/Alberta.) Das Jagdgebiet liegt nordöstlich des Slave River zwischen Fort Smith und Fort Resolution. Der Einflug erfolgt mit einem Buschflugzeug. In diesem uralten Einstandsgebiet leben die einzigen freilebenden Büffel Nordamerikas. Sie wurden nicht wie die kleineren Präriebüffel, von denen einstmals zirka siebzig Millionen die Ebenen Nordamerikas bevölkerten, ausgerottet.
Der Bison-Bison-athabascae ist wesentlich größer als der Präriebüffel. Alte Bullen wiegen über eine Tonne. Ihre Färbung ist dunkler, nur der gewaltige Vorschlag ist von hellbraunen, langen Haaren bedeckt.
Die Population der dort in der Wildnis, außerhalb des Woodbuffalo-Parks, ziehenden Büffel wird auf etwa 2500 Stück geschätzt. Sie gehören nicht zu den bedrohten Tierarten, sondern ihre Bejagung ist seit 1957 den Indianern und seit 1967 auch dem weißen Mann wieder erlaubt. Sie ist eine zwingende Notwendigkeit, denn der Lebensraum ist begrenzt und durch die Überhege kam es in der Vergangenheit zu verheerenden Erkrankungen der Büffel sowohl im Woodbuffalo-Park wie auch im Gebiet der Waldbüffel. Durch Milzbrand gingen Tausende von Tieren ein, auch die Rindertuberkulose und das seuchenhafte Verkalben fordern immer wieder Opfer. Erst durch die Bejagung ist ein Rückgang der Erkrankungen spürbar geworden.
Das Areal der Woodbuffalos umfaßt einige -zigtausend Quadratkilometer, und die von einer Waldkulisse eingeschlossenen Prärien sind von einigen Morgen bis zu 10000 km² groß.
Normalerweise erfolgt die Jagd mit einem Kettenfahrzeug, um größere Strecken zurückzulegen, die großen Mengen Wildbret zu bergen, welches die Indianer in Fort Smith erhalten. Die »Rothäute« leben heute wie eh und je fast ausschließlich vom Büffelfleisch. Aber auch mit dem Kanu und ab Ende Oktober/November

mit dem Hundeschlitten kann traditionell gejagt werden. Letzten Endes muß sich der Jäger aber doch an das Wild heranpirschen, und so ein Pirschgang kann 25 km lang werden. Im Vergleich zur Elchjagd ist die Jagd auf Büffel viel schwieriger – und nicht selten reizvoller.

Starke Geschosse sind unbedingt notwendig. Die Schußentfernung beträgt nicht selten 200 m. Mit schlechtsitzenden Schüssen geht der Büffel noch Meilen. Nachsuchen sind im dichten Busch nicht ungefährlich.

Das gewaltige Büffelhaupt ist eine imposante Trophäe. Die Büffeldecke selbst, gegerbt als Wandbehang oder Teppich, schlägt bei einer Größe von 3 × 3,50 m alle Rekorde.

Eisbären an der Hudson Bay

von Jörg Trobitzsch

Churchill, Manitoba, an der naßkalten, unfreundlichen Hudson Bay ist wohl eine der häßlichsten Siedlungen der Welt. Den zweitausend Einwohnern – Weißen, Eskimos, Indianern – ist der größte Weizenhafen Kanadas ein Platz zum »Jobben«, sonst nichts.

Die Umgebung von Churchill ist genausowenig attraktiv wie die Ansiedlung selbst. Diluviales Schwemmland, Sumpf, jetzt im Herbst gefroren, tischeben.

Günter Baumgart und ich wollten Eisbären studieren und fotografieren. Zwar sahen wir eine ganze Reihe von Eisbären – doch glaubten wir ihnen anfänglich die Zugehörigkeit zu dieser Familie nicht. Wir hielten sie eher für Braun- oder Schwarzbären, wie sie da in der Dämmerung auf den »dumps«, den Abfallplätzen, herumräuberten, verschmutzt, mit Farbbeuteln markiert. Auch ihre Verhaltensweise schien uns weit von jenem furchtlosen Herrn der Arktis entfernt, den wir auf Spitzbergen und Grönland kennengelernt hatten.

Rund tausend von ihnen leben rund um Churchill bis hinunter zur Mündung des Nelson. Wir wissen um ihre Gefährlichkeit, fragen uns, wie das wohl verlaufen werde mit diesen tausend potenten Killern – hören von Unfällen, erfahren, daß diese Dramen ebenso in der Degeneration der Bären zu suchen seien wie im falschen Verhalten der Menschen.

Ein Bär schätzt die Witterung eines Zweibeiners nicht nur sehr gering, sie ist ihm offensichtlich sogar unangenehm. In den allermeisten Fällen geht er dem Menschen weit aus dem Weg. Kritisch wird's, wenn der Zweibeiner sein Heil in panikartiger Flucht sucht. Das wirkt ansteckend – der Bär rennt hinterher; der Mensch wird für ihn zur Beute, die er sich, bei einer Sprintgeschwindigkeit von 50 km/std., mit tödlicher Sicherheit ergattert.

Zwei Mittel gibt es für uns, sich vor der Gefahr zu schützen: das erste ist Stehenbleiben, stur Ausharren – was eine Nervenstärke erfordert, die nicht alle aufbringen.

Das zweite Mittel sind kräftige, erfahrene Schlittenhunde, die den Bären ablenken. Dabei behält selten einer der Gegner die Ober-

hand: der Bär ist zu stark, zu gut geschützt durch seinen Pelz, als daß die Hunde ihm etwas anhaben können; die Hunde dagegen sind zu flink, zu behend.
Die Möglichkeit zu schießen, haben wir bewußt außer acht gelassen. Zuerst einmal stehen die Eisbären unter Naturschutz, und zum zweiten mußten wir sie näher als auf Schußweite heranlassen, um zu den entsprechenden Film- und Fotoaufnahmen zu kommen. Die Chance ist zweifelhaft, ein solch mächtiges, womöglich zum Angriff übergehendes Raubtier mit einem Schuß zu strecken. Zwar ist die Notwehr erlaubt, doch die Rangers des Wildlife Service prüfen die Fakten genau. Die Strafen sind empfindlich.
Wir hatten Brian kennengelernt, der uns ein Charterflugzeug besorgte und auch zwei Schlittenhunde – »Trigger« und »Chum« – mitbrachte. Zusammen flogen wir rund achtzig Kilometer weit nach Süden zu einem Beobachtungsposten, um auf freilebende, »saubere« Eisbären zu treffen; Bären, die den »Bossen« der Arktis entsprachen, wie wir sie in Erinnerung hatten.
Nichts zu sehen auf der tischebenen Landschaft. Einen ganzen Tag lang nichts. Und man hatte uns gesagt, daß die Bären schon bei der Landung der Twin-Otter Spalier stünden... Brian hatte Seehundsspeck mitgebracht. Diese Eisbärendelikatesse brannten wir ab. Ein todsicheres Mittel, um jeden Bären im Umkreis von dreißig Kilometern anzulocken.
Nichts.
Wir ziehen Kreise, immer größere Kreise, rund um den Beobachtungsposten – und da...
... steht der Bär plötzlich vor uns, wie aus dem Boden gewachsen, er nimmt unsere Witterung auf. Doch die beiden Schlittenhunde »Trigger« und »Chum« stellen ihn sofort, fesseln seine Aufmerksamkeit. Für einen Augenblick weiß der Bär nicht, was er von dem Ganzen halten soll. Geradezu verlegen sieht er aus.
Die Hunde gehen nicht direkt zum Angriff über. Sie knurren, bellen, laufen mit hochgestellten, buschigen Ruten und gesträubten Nackenhaaren vor dem Bären hin und her. »Trigger« attackiert die Flanke des Gegners, als dieser sich einen Augenblick ausschließlich mit »Chum« beschäftigt. Blitzschnell wirft sich der Bär herum, stößt sein weitgeöffneter Rachen in Richtung »Trigger« – doch der Hund fetzt zur Seite, schlägt noch in der Luft einen Haken, rast ein Stück weg, der Bär hinterher. Doch »Chum« ist zur Stelle, packt den Petz hinten am Pelz. Der fährt herum, gibt »Trig-

Husky gegen Eisbär

Der Sieger!

ger« die Chance zu einem neuen Angriff – während jetzt »Chum« um sein Leben rennt.
Der vorher so massig, gemütlich wirkende Bär ist ein äußerst beweglicher, schneller Gegner. Die Hunde umkreisen ihn mit grollendem Knurren, kehligem, fauchendem Schnarren, mit kurzen, jaulenden Schreien höchster Erregung, und in Augenblicken voll panikartiger Angst. Sie sind schneller, flinker, behender im Hakenschlagen als ihr größerer, stärkerer Widersacher – und sie sind zu zweit.
Sie verwirren den Bären, der wütend um sich schlägt und beißt, doch nicht trifft, sich hinsetzt – wieder ein wenig ratlos scheint, doch wachsam bleibt.
Das wäre der richtige Zeitpunkt, ihm eine Kugel anzutragen. Doch wir wollen fotografieren, filmen, uns geht es nicht ums Töten, um eine fragwürdige Trophäe.
Die Hunde wissen um die Gefahr, die in den scharfkralligen, mächtigen Pranken viel eher droht als in dem Raubtiergebiß. Sie lassen ihrer Aggressivität nicht blindwütig freien Lauf, obwohl sie bis zum äußersten gereizt sind. Die Huskies bleiben auf Distanz, meiden den »Infight«, reizen den Bären, der wieder – vergeblich – angreift.
Das Ganze ist jetzt ein rasendes Durcheinander, ein pelziges Knäuel – um Gottes willen, jetzt hat's »Trigger« erwischt – doch nein, in Bruchteilen von Sekunden ist er wieder auf den Beinen – geht auf Distanz.
Erst hinterher zu Hause, in der Zeitlupe, sehen wir all die Haken, Finten, Drehsprünge, Sprints, Bisse, Schläge, das Schnappen, Geifern, das ganze wilde, gefährliche Ballett.
Dann hat der Bär genug: er bricht seitwärts aus, galoppiert fort – die Hunde hinterher. Doch nicht weit, sie kehren bald zurück.

Trapperromantik – oder?

Da war die Rede von einem Trapper –. Ja – genau von dem, der in der »Bay« eingekauft hatte. Mehl, Fett, Salz, Zucker und noch ein paar Dinge. Er hatte seiner Frau auf den beträchtlichen Hintern gepatscht, das Paddel geschwungen und war um die Flußbiegung des Flusses verschwunden, der Deer River heißt. Der Trapper indessen heißt Joey.

Joey hat die Flußbiegung hinter sich gebracht, die das Dorf von der Wildnis trennt. Er kniet in seinem Kanu. Mittschiffs. Das Boot »steht auf der Kante«. Das heißt, Joey hat das Gewicht so weit verlagert, daß sein Fahrzeug Schlagseite hat, sich zur rechten Seite hinneigt; zu der Seite, auf der er paddelt. Das Boot giert dadurch weniger. Joey spuckt in kurzen Abständen über Bord. Er atmet rasch. Die Anstrengung der Stromauffahrt säubert seinen Rachen, vertreibt den Alkoholdunst aus seinem Schädel. Der Fluß ist nicht sonderlich schnell vor dem Dorf. Die unablässig aufeinanderfolgenden Schläge mit dem schmalen Paddel treiben das Boot rasch vorwärts.

Zwei Stunden sind vergangen. Da ist die Mündung des Rat River. Dieser Fluß ist schmal. Fünfzehn, zwanzig Meter sind es von Ufer zu Ufer. Dahinter erhebt sich die scheinbar undurchdringliche Mauer des Fichtenwaldes. Flußwindung um Flußwindung bleibt hinter Joey zurück. Das Wasser ist dunkel. Nur die winzigen Wirbel hinter dem im Wasser halb versunkenen Treibholz deuten an, daß der Rat River überhaupt fließt. Joey spuckt seltener, sein Atem geht ruhiger, gleichmäßiger.

Die erste, kleine Schnelle. Eine niedere Kiesbank, die das Wasser abdrängt. Joey hält sich im Kehrwasser, paddelt langsamer, bringt sein Kanu in Position und schießt mit einem Anlauf über den kleinen Strudel hinaus, der sich genau da gebildet hat, wo die Bank in die Stromzunge abbricht. Es scheint kurze Zeit, als hielte der Strom das Kanu fest, als treibe er es zurück. Doch es gewinnt einen Zoll nach dem anderen, schiebt sich stromauf, läßt die Schnelle hinter sich. Joey hustet, spuckt, schneuzt sich. Das Kanu gleitet weiter. Zwei, drei Windungen. Eine weitere kleine Schnelle. Das gleiche Manöver wie vorhin.

Vier Stunden ist Joey jetzt unterwegs. Seit vier Stunden kniet er im Kanu, seit vier Stunden paddelt er ununterbrochen.

Joey beschließt, eine Pause zu machen; Tee zu kochen. Am Ufer legt er das Paddel quer über das Dollbord, stemmt sich mit der Rechten hoch, greift mit der Linken einen Weidenzweig, ist draußen. Das Kanu zieht er auf den Ufersand, schlingt die Bugleine um einen Ast. Er trampelt ein paarmal auf der Stelle, um die Beinmuskeln zu lockern, zieht von einer Birke ein paar Rindenstücke herunter, bricht aus einer Fichte ein paar trockene Äste heraus, klaubt sich weißgebleichte Treibholzknüppel aus einem wirren Haufen angeschwemmten Zeugs, baut das Ganze zu einem lockeren Haufen auf. Ein Flämmchen leckt gierig an der Rinde, am Reisig, beißt sich an den Knüppeln fest. Joey hackt einen langen, grünen Weidenstecken aus dem Gesträuch, rammt das dickere Ende flach in den Boden, hängt an das obere Ende einen Teekessel. Eine Weile hängen Kessel und Stecken in den Flammen, dann ist das Reisig verbrannt. Nur noch der Kessel hängt im Feuer. Joey sitzt auf einem Stück Holz und raucht eine Zigarette. Er sieht, daß eine helle Fahne Wasserdampf aus dem Kessel weht, hört es sprudeln, wirft die Kippe weg und klaubt den Topf mit dem blubbernden Wasser vom Feuer herunter. Stellt ihn zur Seite und wirft ein paar Teebeutel hinein. Aus seinem Hafersack kramt er Brot und Butter. Säbelt eine zolldicke Scheibe herunter, streicht Butter darauf, gießt Tee in eine Blechtasse, schüttet mächtig viel Zucker nach, mampft, schlürft heißen Tee. Dann raucht er eine andere Zigarette, packt sein Zeugs in den Hafersack, stößt das Kanu ins Wasser und schwingt erneut sein Paddel.

In den folgenden zwei Stunden muß er dreimal aus dem Boot, um Schnellen zu überwinden, denen er mit dem Paddel nicht gewachsen ist. Das Überheben ins Oberwasser dauert ein paar Minuten.

Am Abend hat er die erste Portage und Brahams Hütte erreicht. Fünf im Geviert aufeinandergelegte, in den Ecken verzapfte Stämme tragen ein mit Dachpappe, Plastikfolie und Birkenrinde zusammengeflicktes Dach. Die Grundfläche ist keine zwei Quadratmeter groß. Joey kann nur direkt unter dem First aufrecht stehen.

Joey trinkt wie am Mittag gezuckerten Tee, ißt Butterbrote, schiebt aber einen Riegel Schokolade als »Stopper« hintennach.

Die Portage ist anderthalb Meilen lang. Joey schleppt noch am Abend die fünfzig Pfund Mehl und das Kanu zum jenseitigen Ende, ist mit dem letzten Licht zurück.

Er kratzt die naß-pelzigen Fichtenzweige zusammen, wirft sie durch die Tür, schneidet ein paar frische Zweige ab, breitet sie da aus, wo ihm das Dach halbwegs dicht erscheint, legt eine zerschlissene Decke darüber, eine andere über sich selbst, rollt sein Ölzeug als Kopfkissen zusammen, raucht eine Zigarette und versinkt in einen tiefen, traumlosen Schlaf.

»Ostwind – das sind drei Tage Regen und Sturm womöglich«, knurrt Joey. Doch jetzt ist der Ostwind sein Freund – schiebt ihn über den See in dessen nordwestliche Ecke. Joey entlädt das Kanu, breitet die Plane über das Zeug, packt sich den Mehlsack über die Schultern, stülpt das Kanu darüber.

Es geht steil bergan. Der Trail ist eng. Joey muß das Kanu ein paarmal kanten, um zwischen engstehenden Bäumen hindurchzukommen, muß zwei-, dreimal einen kleinen Bach mit glitschigen Steinen queren. Joey keucht und schwitzt unter seiner Last, hält einen Augenblick inne, ohne etwas abzusetzen, lehnt sich an einen dünnen Stamm, der einen Schauer dicker Tropfen auf das Kanu prasseln läßt.

Joey ist endlich oben, auf der Tundra, hat das verfilzte Krüppelzeug hinter sich gelassen, steht im treibenden Regen an einem kleinen See. Er läßt das Kanu von seinen Schultern gleiten, dann den Mehlsack. Er zieht seine Öljacke aus, legt den Mehlsack auf die halbwegs trockene Innenseite, stülpt das Kanu darüber. Dann der Hafersack und der restliche Kram. Schweiß- und Regentropfen rinnen über Joeys gerötetes, knochiges Gesicht. Sein Körper dampft.

Den kleinen See auf der Tundra hat er schnell überquert. Die nächste Portage – das sind keine hundert Meter, aber ein steiler, von der Nässe glitschiger Felsrücken.

Wieder ein kleiner See, den Joey der Länge nach befährt, wieder eine kurze Portage: die Wasserscheide zwischen Green Pond und Paddies Pond. Hier beginnt Joeys Jagdgrund.

Noch eine Portage, ein See und noch eine Portage. Die letzte geht steil bergab. Joey zerbeißt zwei Schokoladenriegel, raucht eine Zigarette. Schiebt das Kanu ins Wasser. Schwingt sich hinein und paddelt.

Der Wind und der treibende Regen pfeifen ihn über den Steuerbordbug an. Joey hält sich unter Land – paddelt jetzt auf der linken Seite. Die Paddelschläge folgen rasch aufeinander. Er darf dem Wind keine Zeit lassen, den Bug herumzudrücken, das Kanu querzuschlagen. Nach einer Stunde ist er am Eastern-Arm von Paddies

Pond. Eine tiefe, langgestreckte Bucht; knapp eine Meile breit, durch die der Wind schaumköpfige Wellen treibt.
Bevor Joey den Eastern-Arm angeht, raucht er im Windschatten eine Zigarette, setzt sich auf die Mittelducht, hält sich mit der rechten Hand an einem Weidenast.
Joey richtet den Bug des Kanus nach Nordosten – die Fahrtrichtung ist Nord. Er paddelt, was er im Leibe hat. Hohe Wellen rollen heran. Zwei, drei schaumköpfige Wasserhaufen, die Joey abreiten muß, bei denen er den Bug nach Osten dreht, direkt in das Gesicht der Wellen. Dann paddelt er ein paar Sekunden so schnell er kann – fängt den nächsten Ansturm des Wassers ab. Er kennt den Rhythmus, weiß, daß ihm das Wasser wenig anhaben kann –, wenn er aufpaßt, wenn er keinen Fehler macht. Trotzdem hat Joey Angst. Angst, weil er weiß, daß er nicht zurück kann, weil er weiß, daß er vorwärts paddeln muß, weil er sonst auf den offenen See hinausgetrieben wird, weil er nicht schwimmen kann. Die Angst krampft in seine Arme, in seine Hände, in seine Finger. Weiter, paddeln, abreiten, paddeln. Das gegenüberliegende Ufer nähert sich, die Wellen werden niedriger, die Abstände zwischen den Brechern größer – die Angst kleiner.
Joey paddelt wieder im Leeschutz des Ufers, überhebt nach einer Stunde einen Felsriegel. Noch einmal fährt ihm der Sturm ins Gesicht, zerrt und drückt an dem Kanu. Schmerz zuckt in die Muskeln zwischen den Schulterblättern, doch kann ihm der Sturm auf dem engen Trout Hole Pond nichts mehr anhaben. Noch ein paar Minuten, und er stemmt sich ächzend auf die Ducht, entlastet die Knie, wirft das Paddel ans Ufer.
Seine Hütte ist intakt, ist so, wie er sie vor einem Jahr verließ. Ihr Dach ist nicht von Bären eingerissen. Joey zwängt den Mehlsack durch die enge Tür, zieht das Kanu weit aufs Ufer, trägt den übrigen Kram herauf, wirft ihn in die Hütte. Er schlägt eine trockene Fichte, zerhackt sie in armlange Stücke, spaltet diese in drei, vier Scheite, zieht Birkenrinde von einem Stamm, trägt das Holz in die Hütte, legt die Rinde in den Ofen, fetzt mit seinem Messer Späne von einem Holzscheit, legt sie auf die Rinde, darauf ein paar Scheite. Es wird dunkel, doch das Feuer bullert. Joey rammt einen Stock in die Erde, stülpt eine rostige Konservendose darüber, entzündet eine Kerze, läßt Wachs auf den Boden der Dose tropfen und klebt die brennende Kerze fest.
Er steckt sich eine Zigarette an, nachdem er sein nasses Zeug aus-

gezogen und in eine Ecke geworfen hat. Er kramt trockenes aus dem Hafersack, zieht es sich über. Schneidet sich einen Kanten Brot ab, packt Butter darauf, wolft das Ganze herunter – spült mit heißem Tee. Dann breitet er die Decke über die trockenen Fichtenzweige vom Vorjahr, schiebt die Ofenklappe zu. Raucht eine Zigarette, bevor er einschläft.

Es regnet am folgenden Morgen immer noch, doch der Wind hat nachgelassen. Joey hebt ein paar Tellereisen von einem vorstehenden Dachbalken herunter, zieht die Angel unter einer Sparre heraus, streift sich sein Ölzeug über und paddelt auf den Trout Hole Pond hinaus. An dem Felsriegel, an dem er das Kanu überheben muß, fängt er ein halbes Dutzend Forellen und einen kleinen Binnenlachs. Die kleineren Fische nimmt er mit, den größeren zieht er einen Weidenast durch die Kiemen und hängt sie daran auf. Dann paddelt er quer über Paddies Pond.

Am gegenüberliegenden Ufer rauscht ein kleiner Bach in den See. Joey bindet das Kanu an und geht ein Stück durch das tropfnasse Gesträuch an dem Bach entlang. An einer mit einer »Blaze« markierten Fichte hängen zwei kleine Nr.-Zwei-Tellereisen, Joey zieht ein Fläschchen Bibergeil aus der Tasche, verreibt einen Tropfen auf der Handfläche und schmiert damit die Eisen ein. Dann setzt er die Eisen einen halben Meter oberhalb des Wasserspiegels des Baches, arrangiert dazwischen ein Stück Forelle. Er spannt die Federn, hängt vorsichtig die Haken ein, verdeckt das Eisen halb mit Moos und bindet die Halteketten mit einem Stück Draht an zwei dünne Fichten. Danach steckt er dünne Zweige rund in den Boden, bis sie eine Röhre formen, in deren Enden die Eisen mit dem Köder dazwischen warten.

Joey geht weiter am Bach entlang – bis zu dem niedrigen Damm, den ein Biber gebaut hat. Im Damm stecken frisch benagte Hölzer. Der Bau weiter aufwärts ist also bewohnt!

Joey sucht eine Weile die »Blaze«, findet sie und das größere Nr.-4-Eisen und setzt es vor den Eingang der Burg. Er sucht nach einem kinderkopfgroßen Felsbrocken, wiegt ihn in der Hand, schlingt ein Stück Leine darum und legt ihn vorsichtig an den Rand des Baues. Wenn die Eisenbügel der Falle zusammenschlagen, wird der Steinbrocken herunterrollen und den Biber im tiefen Wasser so lange festhalten – bis er ertrinkt.

Es regnet immer noch, als Joey zu seinem Kanu zurückgeht. »Luchs steht gut im Preis«, murmelt er – sucht sich eine passende

Birke aus – bindet ein Vierer-Eisen aus dem Kanu auf einen starken Ast – so hoch, daß er gerade noch hinreichen kann – spannt das Eisen – setzt den Köder an die vom Stamm entfernte Seite der Falle, schmiert einen Tropfen Bibergeil vor – wischt sich im nassen Moos die Hände ab und paddelt weiter.
Der Wind hat wieder zugenommen. Joey stellt noch rasch eine Nerzfalle und paddelt durch den peitschenden Regen zu seiner Hütte zurück.
Hier schlägt er ein halbes Dutzend trockener Fichtenstangen. Ein Baumstachler hat sie entrindet, die jungen Bäume sind vor ein paar Jahren eingegangen.
Das beste Brennholz, auch bei Regenwetter.
»Das reicht für eine Woche«, murmelt Joey und stapelt das Holz rund um den Ofen.
Er hat kein Brot mehr und macht einen Vorrat »Country Cakes«. Aus Mehl, Backpulver, Fett und etwas Wasser knetet er einen zähen Teig. Er wartet, bis das Holz im Ofen heruntergebrannt ist. Dann formt er den Teig in billardgroße Kugeln, die er auf das heiße Ofenblech aufstubst, nachdem er etwas Mehl darüber gestreut hat. Er wartet ein paar Minuten, dreht die Brötchen um und nochmals um. Dabei hält er ein leichtes Feuer im Ofen. Schließlich beklopft er eines der Brötchen mit der flachen Hand – hört am hohlen Klang, daß es durchgebacken ist.
Inzwischen ist Teewasser heiß geworden. Joey bricht ein paar der Brötchen auf, schmiert Schmalz auf die Bruchstellen, streut Salz darauf, ißt und trinkt Tee dazu, während der Wind draußen zum Sturm geworden ist.
Danach beginnt er, an einem roh behauenen Brett zu schnitzen. Es soll eine »mould«, eine Holzform zum Aufspannen von Otterfellen werden.
Joey ist über dem Schnitzen eingenickt und wird erst wieder wach, als es schon dunkel ist. Der Regen pladdert immer noch auf das Dach.
Joey macht wieder Feuer – zündet sich eine Zigarette an. Zwanzig Nerze, achtzehn Biber, noch mal so viele Marder und ein halbes Dutzend Lachse hatte er erbeutet. Einen neuen Outboarder würde er sich dann kaufen können, ein neues Ski-doo (Motorschlitten) für den Winter, ein Fiberglas-Kanu, doch – hélas – es war ja nur ein Traum.
»Ich bin froh, wenn es für das Wintergemüse, den Tabak, die alte

Rechnung in der Bay und eine Flasche Schnaps langt –«, knurrt er und spuckt auf den im Dunkeln rotglühenden Ofen.
Die Spucke brodelt, zischt, verdampft.
Am nächsten Tag ist das gleiche Wetter. Joey bringt nur ein paar Nerz- und zwei Otterfallen heraus, bis es wieder aufbrist.
Der Herbststurm dauert vier Tage. Joey ist es leid, Country Cakes und Tee in sich hineinzustopfen. Er hat Appetit auf Fleisch. Biber, Ente, auf irgendwas. Am Abend des vierten Tages rauscht noch einmal eine wahre Wasserflut vom Himmel – dann springt der Wind auf Nord um und Joey sieht – als er am späten Abend zum Pinkeln vor die Hütte tritt –, daß zwischen den dunklen Fichtenzweigen Sterne funkeln.
Es ist noch dunkel und Joey ist bereits auf den Beinen – kocht Tee, ißt Country Cakes.
An diesem Tag setzt er zwei Dutzend Eisen und bringt einen jungen Biber zurück zur Hütte. Die Luchsfalle war zugeschnappt, aber leer. Immerhin hat er jetzt Fleisch. An der Innenseite der Beine beginnt er, das Tier vorsichtig abzubalgen, dann bricht er es auf, verwahrt die Eingeweide als Köder für den nächsten Tag. Das Fleisch zerschneidet er in kleine Stücke, wirft es in einen Topf, salzt und setzt es mit einem kräftigen Schuß Wasser auf den Ofen zum Kochen. Auch das Biberfell salzt er innen ein, rollt es zusammen und schiebt es unter eine Dachsparre.
Zwei Nerze erbeutet er am nächsten Tag. Die Tiere leben noch. Joey packt sie mit der behandschuhten Hand und drückt ihnen unter den kurzen Rippen hindurch mit dem Daumen das Herz ab. Einen dritten Nerz hat der Uhu vollkommen zerfetzt. Joey verflucht den Nachtvogel.
Am nächsten Morgen ist es frostig kalt, der Boden gefroren. In der Nacht hat die Kälte Joey geweckt. Er hat den Ofen angezündet und sich wieder hingelegt.
Ein Otter hängt im Eisen. Das Tier zeigt Joey die Zähne. Er schneidet sich eine starke Weidengabel, hält sie in der Linken, als er sich dem Otter nähert, um das Tier notfalls mit dem Hals auf die Erde zu pressen. In der rechten hält er eine Axt. Der Otter verbeißt sich in dem Weidenstecken – Joey schlägt ihm mit der Axt den Schädel ein. Das Tier verendet zuckend.
In den Buchten von Paddies Pond ist morgens dünnes Eis, das der Wind während des Tages wieder aufbricht. Joey erbeutet einen zweiten Biber, einen dritten Nerz.

Ein weiterer Nordoster nagelt Joey für drei Tage in seiner Hütte fest. Danach friert es wieder. Dünne Eistafeln treiben über Paddies Pond – zwingen Joey zu einer weiteren Pause. Die zu Fuß erreichbaren Fallen bringen nichts.
Acht Tage dauert der »freeze up«, das Zufrieren – dann sind die Buchten von Paddies Pond begehbar. Der Uhu hat einen Marder in Stücke gerissen und verzehrt. Joey verflucht ihn mitsamt seiner Sippe.
Danach tut sich nichts mehr – außer einem halben Dutzend Bisamen, die Joey aus einem Bau auf dem Eis herausschießt, einem dritten Biber und einem Marder. Sechs Wochen sind es her, seit Joey das Dorf, seine Familie, seine Freunde verlassen hat. Höchstens dreihundert Dollar darf er als Erlös für die Felle erwarten, wahrscheinlich weniger. Sein Mehlvorrat geht zu Ende, Fett ist schon lange keins mehr da.
Joey hat keine Lust mehr, er möchte nach Hause – zurück zu Susy. Was soll er noch, die Tiere sind scheinbar weg, wie vom Erdboden verschluckt.
Joey überlegt nicht lange. Er beginnt, Kufen zu schnitzen, bindet Querhölzer dazwischen, schnürt das Kanu darauf fest, wirft den Hafersack mit den Fellen hinein und zieht das Boot hinter sich über das Eis von Paddies Pond, über die kleinen Seen zu Brahams Jagdgrund, über die Buchten des Green Pond.
Den Rat River, dessen Schnellen noch eine ganze Weile offen bleiben werden, paddelt er hinunter – in den großen Deer River hinein.
Dann kann er seiner Susy wieder auf den beträchtlichen Hintern klopfen. Gefühlvoller als beim Abschied vor sechs Wochen.

KANADISCHER
ABENTEU
ALMANAC
KANADISCHER
ABENTEUER
ALMANACH
KANAD
ABENTE
KANADISCHER
ABENTEUER
ALMANACH
KANADISCHER
ABENTE
ALMANA
SEX
SEX

Allgemeine Literatur über Kanada

(Ohne Anspruch auf Vollständigkeit!)

Periodika

»north/nord«, Queen's Printer, Ottawa, Ont.
»The Beaver«, Hudson's Bay Company, Winnipeg, Manitoba
»Outdoor Canada«, 181 Eglinton Ave. East, Suite 201, Toronto, Ont. M4P 1J9

Bücher

Angier, Vena and Bradford
»At Home in the Woods«, Collier Macmillan, London
»How to Stay Alive in the Woods«, Collier Macmillan, London
»How to Build Your Home in The Woods«, McLeod, Toronto
Berger, Hugo, »Kanada heute«, Econ, Düsseldorf
Johann, A. E., »Nach Kanada sollte man reisen«, Bertelsmann, Gütersloh
Meissner, Hans-Otto, »Die überlistete Wildnis«, Sigbert Mohn, Gütersloh
Morse, Eric, »Fur Trade Canoe Routes of Canada Then and Now«, Queen's Printer, Ottawa, Ont.
Polyglott, München, »Kanada« (Reiseführer)
Queen's Printer, Ottawa, Ont., »Northern Cookbook«
Sautter, Udo, »Geschichte Kanadas«, Alfred Kröner, Stuttgart
Smithsonian Institution, Washington, D. C., USA, »The Bark and Skin Boats of North America«
Stonehouse, B., »Tiere der Arktis«, Bayerischer Landwirtschaftsverlag, München

Bildband

Boden J. F. und Scherz H., »Canada« Ein großer Bildband über ein großes Land, deutsch, englisch, französisch, Umschau Verlag, Frankfurt

Wichtige Adressen

Kanadische Botschaft
Postfach 120240
53 Bonn 12

Kanadisches Fremdenverkehrsamt
Biebergasse 6–10 (City-Center)
6 Frankfurt am Main
Tel. 0611 – 280157

Air Canada
Friedensstr. 7
6 Frankfurt am Main
Tel. 0611 – 234032

CP Air
Schillerstr. 10
6 Frankfurt am Main
Tel. 0611 – 294044

Topographische Karten und Luftbilder:

Map Distribution Office
Department of Energy, Mines and Resources
Ottawa, Ont. K1A OE9/Canada

Kanuverleih:

U-Paddle Canoe Service
Hudson's Bay Company, Northern Stores Department
77 Main Street
Winnipeg, Manitoba R3C 2R1/Canada

Spezialausrüstungen für Kanufahrer, Angler und Camper:

Heinz Zölzer
Kupferdreher Str. 196
43 Essen 15
Tel. 0201–48815

Gary Kiemle
Keplerstr. 13
6907 Nußloch
Tel. 06224-13474

Nachwort

Mit diesem Almanach habe ich den Versuch unternommen, die Fragen zu beantworten, die während vieler Vorträge, schriftlich und telefonisch an mich gerichtet werden.
Das immer noch vorhandene Interesse an Kanada ist in den letzten Jahren womöglich noch größer geworden, da dieses Land durch günstige Flugpreise auch für den Normalverdiener in erreichbare Nähe gerückt ist.
Es geht mir darum, Hinweise vor allem für den zu geben, der seinen Urlaub abseits der ausgetretenen Pfade machen, der eine der letzten Urlandschaften unseres Erdballes kennenlernen will.
Nicht zuletzt habe ich auch versucht, über die Geschichte des Landes, über echt und unverwechselbar Kanadisches zu schreiben; neben Unterhaltendem, das die Atmosphäre des Wilden Nordens einfängt.
Es ist nicht möglich, einen Subkontinent wie Kanada komplett vorzustellen, auf alles einzugehen. Vielmehr ging es mir um einen breitgefächerten Überblick – um die Hilfestellung beim Festlegen von Ausgangspositionen. Für den, der eine Wildnis-Expedition plant, bleibt noch viel an Vorbereitung – Eigeninitiative, die kaum weniger Spaß macht als die Reise selbst.
Wenn ich in erster Linie deutsche bzw. deutschstämmige »outfitter« in Kanada benannt habe, so ist der Grund kein übler Chauvinismus, sondern die Erfahrung, daß diese Veranstalter am ehesten dem Mitteleuropäer echte Hilfestellung geben.
Darüber hinaus bin ich bereit, wie in der Vergangenheit, in speziellen Fragen – gegen Erstattung der Unkosten – direkt Rede und Antwort zu stehen. Hierbei bitte ich, die Anfragen möglichst auf die Wintermonate zu beschränken. Im Sommer bin ich in Kanada – und meistens da, wo das nächste Postamt weit weg ist.

Elmar Engel, Kecarpoui/Kanada